Publisher **ANDERSON CAVALCANTE**
Executiva **CÉFARA MORAES**
Coordenador editorial **NESTOR TURANO JR.**
Editora **LAURA CAMANHO**
Editora assistente **ÉRIKA TAMASHIRO**
Assistente editorial **BEATRIZ FURTADO**
Preparação **AMANDA OLIVEIRA**
Revisão **GIOVANNA CALEIRO, LAILA GUILHERME e DANIELA GEORGETO**
Direção de arte **GABRIELA CASTRO**
Designer **LETÍCIA DE CÁSSIA**
Imagem de capa **DAVID GALASSE**

Comercial **VANESSA ALMEIDA, TACIANE FERREIRA, TAÍRES PEREIRA e ALINE CRUZ**
Comunicação e marketing **LEONARDO CAVARZAM, ISABELLE PELOZZO e RAFAELLA RHEIN**
Eventos **MARISA MARIANNO e RAYANA ALANA**
Operações **VERA DANTAS, FLÁVIO BOMBARDI, WILLIAM ARAÚJO, RAFAEL VALENTIN e ZENI MARTINS DOS SANTOS**

Nesta edição, respeitou-se o novo Acordo Ortográfico da Língua Portuguesa.

Dados Internacionais de Catalogação na Publicação (CIP)
(Câmara Brasileira do Livro, SP, Brasil)

Influência: Negócios de verdade, vozes que conectam, marcas que transformam / Joel Jota (org.)
1ª ed. São Paulo: Unno Editora, 2025
208 pp.
Vários autores

ISBN 978-65-5393-464-1

1. Empreendedores 2. Gestão de negócios 3. Influência (Psicologia) 4. Liderança 5. Relatos de experiências
I. Jota, Joel.

25-273435 CDD 338.0492

Índice para catálogo sistemático:
1. Empreendedores: Relatos de experiências 338.0492

Eliane de Freitas Leite, Bibliotecária, CRB 8/8415

Buzz Editora Ltda.
Av. Paulista, 726, Mezanino
CEP 01310-100, São Paulo, SP
[55 11] 4171 2317
www.buzzeditora.com

Joel Jota [org.]

INFLUÊNCIA

Negócios de verdade,
vozes que conectam,
marcas que transformam

PREFÁCIO

Eu acredito em livros. Acredito na força que uma boa ideia tem de reverberar quando ganha vida nas páginas impressas e digitais. Acredito no impacto que uma história pode ter quando é contada com verdade. E mais do que isso: acredito no poder que um livro tem de posicionar uma pessoa, uma marca e um legado.

Em 2013, quando escrevi meu primeiro livro, eu não fazia ideia do que estava prestes a acontecer. Eu só queria compartilhar algo que tinha aprendido com esforço, suor e muita estrada. Não era sobre fama, era sobre contribuição. Mas o que eu não esperava era que aquele livro, com suas páginas escritas entre reuniões, voos e treinos, me daria autoridade. Me abriria portas. Me colocaria em lugares que antes pareciam distantes da minha realidade. O livro foi, sem dúvida, um dos grandes marcos da minha vida empreendedora — e, desde então, eu nunca mais subestimei o poder da palavra.

Por isso, quando nasceu a ideia de criar uma obra coletiva com os meus mentorados do programa de mentoria Influência Business, eu soube de imediato: um livro com essas experiências inspiradoras precisava existir. Porque esta não é só uma coletânea de capítulos, é uma vitrine viva de transformação. É o reflexo do que acontece quando empresários comuns, de diferentes áreas, idades e histórias, decidem se tornar incomuns.

Este livro é especial porque não foi escrito por escritores profissionais, foi escrito por empresários e empreendedores que estão no campo de batalha. Gente que lidera negócios, enfrenta crises, toma decisões difíceis e, mesmo assim, escolhe influenciar. Escolhe comunicar. Escolhe colocar para fora tudo o que viveu, aprendeu e superou.

A tese que guia a mentoria Influência Business é clara, direta e urgente: todo empresário precisa se tornar o maior influenciador do seu próprio negócio. Ponto. Apenas isso. Não dá para continuar a tentar terceirizar essa função, nem se esconder atrás da marca. O mercado mudou, e o consumidor de hoje quer ver a cara do dono, quer sentir verdade, conexão, propósito. Quer entender quem está por trás do produto, do serviço, da promessa. E é aí que a influência se torna uma das armas mais poderosas do jogo.

Estamos vendo isso acontecer todos os dias. No Brasil, destacam-se nomes como Flávio Augusto da Silva, Luiza Helena Trajano, Felipe Titto, Cris Arcangeli, Caio Carneiro e Thiago Nigro — todos se tornaram marcas vivas. No mundo, é impossível ignorar o que Elon Musk, Gary Vee ou Richard Branson fazem. Eles não vendem apenas produtos ou empresas, vendem visões, estilos de vida, narrativas. Dominam o jogo da influência — e, como consequência, dominam também mercados.

E a influência é só o começo. Quando ela vem acompanhada de autoridade, posicionamento claro e uma comunicação persuasiva, tudo muda: você atrai melhores oportunidades, seleciona os clientes certos, aumenta sua margem de lucro e, como resultado, vira uma referência. E, quando isso acontece, você deixa de correr atrás do mercado e ele começa a correr atrás de você.

Esta obra prova exatamente isso: cada capítulo deste livro é um pedaço da realidade empreendedora brasileira. Não tem teoria vazia, não tem fórmula mágica. O que apresento aqui são histórias verdadeiras de quem vive o campo de batalha todos os dias, empresários que decidiram não só aplicar o que aprenderam na mentoria Influência Business, mas transformar isso em resultado — e o mais importante: compartilhar com o mundo essas trajetórias.

Você vai ler sobre erros que quase afundaram negócios, decisões que mudaram rotas, viradas improváveis e, principalmente, sobre como a influência, quando bem usada, virou chave de crescimento, escala e posicionamento para cada um desses empreendedores. É isso que torna este livro diferente.

Cada capítulo funciona como um insight direto, como um espelho de possibilidades. Você não precisa ler na ordem. Pode abrir aleatoriamente, escolher um título que chame sua atenção ou buscar no sumário um autor que você já conhece. É como uma mentoria escrita, aula em forma de relato.

Mais do que isso: este livro é um registro de heróis sem capa. De empreendedores reais, gente que acorda cedo, batalha, erra, acerta, paga boletos e ainda assim arruma tempo para crescer, se posicionar e servir o outro com o seu conteúdo. São pessoas que talvez nunca tivessem escrito um livro na vida, mas entenderam que compartilhar o que se vive é também uma forma de liderar, algo em que eu acredito muito.

O mundo não precisa de mais gurus inalcançáveis, exemplos de perfeição e do impossível, mas de exemplos reais que inspiram pela proximidade com quem de fato leva essa vida. Você vai se ver em várias histórias. Vai rir, refletir, por várias vai pensar: "Isso aqui poderia ser comigo". E é exatamente aí que mora o poder da influência: quando ela é humana.

A obra nasceu dentro da mentoria Influência Business. Não foi uma ideia de fora. Foi uma entrega, um projeto real, um convite para uma construção coletiva. E foi feito com o mesmo espírito com que levamos tudo no projeto: com praticidade, agilidade e impacto.

Por isso, deixo aqui o meu convite: leia com atenção. Leia com curiosidade. Leia com espírito de quem quer mais.

Use cada capítulo como combustível, inspire-se com cada relato de vida. E mais do que isso: comece a escrever o seu, do seu jeito, com a sua voz, com a sua visão. Porque, quando você influencia, o mundo se transforma. E, quando você transforma, deixa legado.

É uma honra assinar este prefácio. Uma alegria enorme ter reunido esse time de empresários que viraram coautores em uma obra tão importante. É um privilégio acompanhar o impacto da influência se materializar em palavras e sair das aulas da mentoria.

Boa leitura!
Com orgulho,

Joel J.
[Empresário, investidor, escritor best-seller
e mentor de influenciadores de negócios.]

INFLUÊNCIA INTEGRAL CORPORATIVA

Identidade, conexão e impacto

ALÍCIA MARIANO LONGUINHO

ALÍCIA MARIANO LONGUINHO é psicóloga, mentora e especialista em gestão de pessoas. Jovem, determinada e apaixonada por desenvolvimento humano, construiu uma trajetória marcada por escolhas ousadas, pela busca constante por evolução e pelo desejo de impactar positivamente a vida das pessoas.

Atuou no maior banco da América Latina, onde liderou a construção de produtos de tecnologia e a gestão de times de alta performance. Desde 2021 empreende como psicóloga, e em 2024 assumiu a frente de uma consultoria especializada em gestão estratégica de pessoas, atendendo empresas que buscam humanizar processos e fortalecer suas lideranças.

Como mentora, atende principalmente empreendedores que estão sobrecarregados na operação e não conseguem avançar, e pessoas que desejam começar a empreender, mas ainda não encontraram um caminho estruturado. Seu trabalho é pautado em inteligência emocional, desenvolvimento pessoal e fortalecimento de competências comportamentais.

NO AMBIENTE CORPORATIVO ATUAL, ONDE A VELOCIDADE DAS MUDANças e as complexidades apresentadas são constantes, influenciar pessoas e comandar processos se tornou um diferencial estratégico. No entanto, essa influência eficaz não se baseia apenas em técnicas isoladas, mas na compreensão integrada de três dimensões essenciais na liderança: identidade, conexão e impacto. Esse ciclo retroalimenta-se, gerando resultados sustentáveis e exponenciais. A seguir, discutiremos cada um deles com mais detalhes.

IDENTIDADE

Influência genuína não se resume a simples carisma ou a técnicas de persuasão, mas está ligada à autenticidade inegociável de um líder capaz. Direcionar pessoas sem autoconhecimento é como tentar manipular um eco. Enquanto Carl Rogers define autenticidade como a congruência entre sentir, pensar e agir, Carl Jung propõe a individuação como processo de integração das camadas do ser. Um líder que ignora suas próprias sombras compromete sua capacidade de influenciar com consistência.

À luz da psicanálise, Sigmund Freud define o ego como a instância que media impulsos do id e exigências do superego. No contexto da liderança, um ego desregulado pode ser um obstáculo. Fragilizado, busca compensação por controle, age com autoritarismo e anseia por aprovação. Um líder preso à validação externa tende a construir uma identidade baseada em reconhecimento superficial, não em propósito interno. Um ego equilibrado, por sua vez, permite ao líder agir com segurança, livre de impulsos inconscientes ou da pressão por uma imagem idealizada.

Exercer influência real exige transcender as armadilhas do ego, reconhecer limitações e criar coragem para se expor com verdade. Além do autoconhecimento, um líder precisa desenvolver competências fundamentais como inteligência emocional, resiliência e escuta ativa. A capacidade de conexão genuína nasce da segurança interna, clareza sobre valores e crenças e habilidade de compreender o outro — oferecendo direcionamento, adaptando feedbacks e inspirando com atitudes alinhadas ao discurso.

Em minha experiência como consultora, percebi que a desconexão entre identidade e ação é uma das maiores barreiras à influência genuína. Um CEO que acompanhei buscava ser admirado, mas suas ações não refletiam esse desejo. Exagerava resultados e criava uma imagem idealizada para mascarar inseguranças, gerando desconfiança e fragilidade em seus liderados. Esse comportamento reflete a ausência do que chamo de "sinceridade interna absoluta", a capacidade de admitir para si mesmo o que sente e pensa. Líderes que enfrentam suas verdades em vez de projetar versões fabricadas de si constroem influência sólida, baseada em confiança e integridade.

CONEXÃO

A desconexão entre identidade e percepção externa cria uma barreira intransponível entre líder e liderados. Esse CEO, ao buscar validação externa, impedia relações autênticas. Sua equipe, percebendo a incongruência entre discurso e ação, perdeu confiança e engajamento. Sem confiança, a influência se torna frágil, e a comunicação, transacional.

Conexão real vai além de conhecer motivações e talentos; exige sensibilidade para perceber emoções e padrões que afetam a performance. Líderes conectados não apenas compreendem, mas respondem de forma alinhada às necessidades da equipe. Isso inclui reconhecer vulnerabilidades e criar um ambiente seguro para ideias e preocupações.

Negligenciada, essa ligação torna o trabalho mecânico, sem pertencimento ou propósito. A superficialidade relacional compromete a produtividade e fragmenta a organização com ruídos, falta de engajamento e desconfiança.

O papel do líder é ir além da gestão de processos, tornando-se um facilitador de vínculos genuínos que compreende que conectar-se de verdade é cultivar um espaço onde feedbacks são recebidos com abertura, conflitos são resolvidos com transparência e todos sentem que sua voz tem valor. Afinal, o colaborador desmotivado já saiu — só não te avisou: assim que surgir uma oportunidade melhor, ele não hesitará em partir.

IMPACTO

A falta de autenticidade e conexão genuína impacta diretamente os resultados. No caso que relatei, o desgaste emocional e a pressão interna do CEO comprometeram sua clareza na liderança, gerando queda de desempenho, falhas na comunicação e um ambiente tóxico.

O impacto da liderança é mensurável. Um estudo da *Harvard Business Review* mostra que líderes emocionalmente desconectados aumentam a rotatividade, o absenteísmo e reduzem a produtividade geral. Ambientes sem influência genuína registram queda de até 32% no engajamento e aumento de 23% na intenção de saída dos colaboradores.* Empresas guiadas por lideranças incongruentes enfrentam mais dificuldade em inovação, retenção de talentos e construção de uma cultura resiliente.

A Influência Integral é um ciclo que não pode ser quebrado: sem identidade, perde-se conexão; sem conexão, o impacto se esvazia. E, sem impacto, a liderança se torna decorativa — ocupa uma posição, mas não transforma.

Liderar com impacto é entender que cultura, clima e resultado refletem a qualidade da liderança. Empresas não crescem sozinhas: são conduzidas ao crescimento; e um verdadeiro líder entende isso e age de forma humana e estratégica, tornando-se guardião da cultura, orquestrador de talentos e agente ativo de alta performance.

* CROSS, Rob; DILLON, Karen. "The Hidden Toll of Microstress: Small, difficult moments can zap your performance. Here's how to restore your well-being." *Harvard Business Review*, Boston, 7 fev. 2023. Disponível em: https://hbr.org/2023/02/the-hidden-toll-of-microstress. Acesso em: 5 abr. 2025.

Esse impacto se traduz em coerência entre discurso e prática, metas e valores, visão e execução. Quando a identidade é sólida e a conexão é genuína, o impacto acontece de forma orgânica — e os resultados são consequência de uma liderança que inspira, desenvolve e sustenta.

Líderes não apenas conduzem negócios, criam legados.

SEJA PRO

Posicione-se, Relacione-se e crie Oportunidades infinitas

ANA CRISTINA CALANDRA ASCENÇÃO

ANA CRISTINA CALANDRA ASCENÇÃO é brasileira, esposa do Marcelo, mãe do Pedro e da Bella, empresária, mentora, conselheira e relações-públicas. Com mais de vinte anos de experiência no desenvolvimento de novos negócios, foi executiva de uma das maiores empresas de transportes da América Latina, gerando muitos milhões em receita e construindo um ativo de networking extraordinário. É uma das principais vozes femininas em protagonismo e conexões de alto impacto. Fundadora da ACJC Holding, um ecossistema com foco em alavancar negócios em escala, que atua em três frentes estratégicas: PRO Experience (agência com foco em experiências e influência), PRO Business (educacional com mentoria e clube de negócios Speaker Club 360) e PRO Conecta (consultoria e desenvolvimento de negócios).

Ana acredita que ser PRO é ser Protagonista, Rentável e Ousada e que para isso é preciso Posicionamento, Relacionamento e Oportunidade.

IMAGINE-SE EM UMA SALA CHEIA DE PESSOAS. VOCÊ ENTRA E, DE imediato, algo muda: olhares se voltam a você, a energia parece vibrar diferente e, sem dizer uma palavra, sua presença se faz notar. Não é magia, muito menos sorte. É influência. Esse poder, muitas vezes visto como inalcançável, não é reservado a poucos privilegiados. Pelo contrário, ele é o resultado de estratégias cuidadosamente desenhadas e um domínio claro de quem você é e do impacto que deseja causar. Mas como decifrar esse código da influência e destravar seu networking?

A verdadeira influência vai muito além de números de seguidores ou aparições midiáticas. Ela é duradoura e transformadora, pois conecta você a pessoas e oportunidades de forma autêntica. É construída com base na sua história, nos seus talentos e no propósito que você traz ao mundo. Pensar grande é apenas o começo: para ser influente, você deve primeiro abraçar sua autenticidade e seu valor, abandonando o papel de espectador e assumindo o lugar de protagonista de sua própria história.

Nestas páginas, convido você a embarcar numa jornada que decifra esse código e desenterrar o ouro que já reside aí, dentro de você, e que basta ser acessado. Esse tesouro está escondido na sua história única, nas suas experiências e nos seus talentos, muitas vezes subestimados e esquecidos.

SUA ASSINATURA NO MUNDO

Quem você é para o mundo? Que história suas ações, suas palavras e até mesmo a sua presença contam? Qual energia você tem? Essa história é a sua assinatura, o rastro que você deixa em cada interação e ambiente em que passa. E mais: ela é o elo entre o que você comunica ao mundo e o impacto que deseja gerar.

Pense em posicionamento como um mapa de valores e propósitos. Alinhar o que você acredita, comunica e entrega cria congruência, gerando confiança e atraindo os aliados certos. Histórias de sucesso ao redor do mundo mostram que posicionamento claro e estratégico é essencial. Um bom exemplo é Steve Jobs, que não vendia aparelhos ele-

Pessoas precisam de pessoas.

trônicos, mas inovação, design e a promessa de "pensar diferente". Sua identidade se fundiu à marca que criou, moldando uma narrativa que continua a reverberar mais de uma década depois de sua morte.

No mundo digital e da moda, Natalia Vozza é um exemplo: iniciou sua carreira como blogueira, mas, com bom gosto e sua forma única de se comunicar, criou uma assinatura pessoal forte que evoluiu para a construção de sua marca, a NV, que hoje é um case milionário no mercado da moda e sinônimo de lifestyle.

Uma assinatura bem definida não apenas te diferencia, mas também atua como um filtro potente que atrai as oportunidades certas e repele o que não está alinhado ao seu propósito. Desde conexões de alto valor até aceleração de resultados, tudo começa com clareza e confiança naquilo que você representa.

Conexões genuínas são a essência de qualquer estratégia de influência bem-sucedida. Elas vão além de redes sociais e troca de cartões de visita. São ligações humanas que transcendem interesses imediatos, nutrindo confiança e colaboração contínua. Mas como, exatamente, essas conexões são criadas? Imagine um círculo de interações fundamentadas na escuta ativa, generosidade e autenticidade. Quando você dá valor ao outro, mesmo em gestos simples, constrói algo poderoso: sua base de confiança. Seja alguém que cultiva relações estratégicas, transformando contatos em aliados duradouros. Sua rede, afinal, é o maior ativo que você pode ter.

Quando sua assinatura pessoal está clara e ressonante, você domina a arte de construir pontes humanas com o que chamo de Dança das Conexões, e algo verdadeiramente mágico acontece: você passa a ter um Radar de Ouro e deixa de ser um receptor passivo que aguarda oportunidades para se tornar um criador ativo, com olhar disruptivo para projetos e capacidade de coordenar um ecossistema interconectado e dinâmico.

Treinando seu olhar para transformar seus negócios em ecossistemas, a mágica realmente acontece, pois você vê cada projeto, conexão e habilidade como partes de um todo que, interligado, abre caminho para o crescimento exponencial. Não se trata apenas de criar soluções, mas de integrar valor e influência que atrai e encanta continuamente.

As perguntas que você deve se fazer são simples e transformadoras: "Como posso conectar meus talentos e serviços para oferecer algo maior e mais impactante?", "Como transformar interações em relações duradouras?" e a mais importante: "Como meu trabalho pode falar por si mesmo, atraindo embaixadores que promovem meu valor sem esforço adicional?".

Esse ecossistema, quando bem direcionado, cria um radar que identifica e aproveita oportunidades antes mesmo que elas sejam óbvias. Como um maestro, você conduz a orquestra de forma intencional e estratégica, garantindo que o impacto seja tanto visível quanto sustentável.

Com isso, é possível concluir então que a influência não é sorte, não é acaso, nem um dom místico. É arquitetura. É design intencional, lapidação consciente do seu valor, construção estratégica de pontes humanas e criação inteligente de sistemas que geram oportunidades contínuas. Você começa a criar sua própria demanda, trabalhando objetivamente para seu crescimento profissional e seu impacto no mundo a partir de uma influência genuína e duradoura.

A jornada para decifrar e aplicar o Código da Influência está aberta à sua frente. O poder de moldar sua trajetória, de amplificar sua voz e de criar oportunidades infinitas está ao seu alcance. Deixe de questionar *se* você pode destravar esse poder. A verdadeira pergunta a ser respondida é *quando* você vai finalmente pegar a chave e começar a girar a fechadura do sucesso. O palco espera pelo seu protagonismo, não demore a decidir.

CONEXÕES ETERNAS

Pessoas reais com histórias reais

ANDREIA VALÉRIO

ANDREIA VALÉRIO é formada em administração com ênfase em comércio exterior pela Faculdade Positivo, pós-graduada em neuropsicopedagogia pela Uninter e mestre em estudos superiores ibero-americanos pela Universidad de Alcalá de Henares (Espanha). Com experiência acadêmica nos Estados Unidos, na Inglaterra e na Espanha, é treinadora de cérebros e mentes e fundadora do Supera Batel e Água Verde — Ginástica para o Cérebro, em Curitiba, onde há mais de quinze anos fortalece vínculos e memórias. Criadora do Conexões Eternas Podcast, onde compartilha histórias reais de pessoas 60+ que celebram a força dos vínculos e dos legados criados.

Instagram **ANDREIAVALERIOOFICIAL**
YouTube e Spotify **CONEXÕES ETERNAS PODCAST**

SEMPRE GOSTEI DE GENTE. SEMPRE GOSTEI DE OUVIR, DE SABER histórias, de me emocionar com as alegrias e as dores do outro. Mas foi convivendo com pessoas maduras que percebi algo que talvez a maioria não perceba: há muita vida guardada em pessoas que o mundo costuma tratar como invisíveis.

Percebi que o que essas pessoas carregam vai muito além de memórias ou saudades. São aprendizados, valores e experiências que, muitas vezes, estão adormecidos ou esquecidos — não por falta de importância, mas por falta de espaço. Muitas dessas pessoas me disseram, em palavras ou gestos: "Parece que já fiz tudo o que tinha que fazer". E eu sempre sentia que não, elas ainda tinham muito a viver.

O tempo foi me mostrando que o treino do cérebro, que há anos aplico com tanta dedicação na minha escola, é importante, mas não o suficiente. Faltava algo que o método não ensina, algo que só o coração sabe: faltava conexão, pertencimento, escuta verdadeira. Na escola, trabalhamos com conexões, pertencimento e escuta verdadeira, mas tudo fica restrito àquele ambiente. Senti que necessitava levar essas histórias para o mundo. Foi com esse desejo que nasceu o meu podcast Conexões Eternas. Comecei sem muitas pretensões, apenas com a vontade de dar voz a pessoas que, muitas vezes, estavam sem palco, sem plateia, sem quem as escutasse de verdade. Eu desconheço, até hoje, um podcast como esse, que simplesmente se dedica a ouvir, com alma, pessoas reais contando suas próprias histórias.

Não são empresários famosos, nem celebridades, nem cases de sucesso. São pessoas muitas vezes anônimas para muitos. São vidas que carregam dentro de si um valor inestimável. Quando me perguntam o perfil dos convidados, eu sempre respondo, com o maior orgulho: são aqueles que a vida me apresenta e aceitam o meu convite para compartilhar. O tema? O tema é a própria vida.

E, a cada episódio, meu coração se aquece. Não há um só convidado que não me emocione ou passe sem me ensinar algo. Ali, eu sou apenas uma ouvinte atenta, um apoio; quem brilha são eles. Eu aprendo, me conecto, me transformo. E, mais bonito ainda, vejo meus convidados e ouvintes também se sentirem vivos de novo, importantes, vistos.

Hoje eu compreendo que minha missão vai além. Quero proporcionar encontros, criar espaços, dar voz e sentido a essas histórias. E quero mais: quero que as pessoas saibam que é possível, sim, viver novas conexões, novas alegrias e novos começos aos sessenta, setenta, oitenta anos — e até além. É possível viver uma terceira idade feliz e com propósito.

Ao experienciar uma vida fora do Brasil, puder ver idosos ativos, respeitados e bem cuidados em diversas culturas, e isso me inspirou. Mas meu desejo maior é fazer isso acontecer no meu mundo, no meu espaço, com as pessoas que cruzam meu caminho, em nosso país.

E é essa a influência que quero ser ao mundo: não com uma voz imponente, mas no silêncio das pequenas ações. Meu trabalho é dar voz, espaço e atenção ao público maduro, tão esquecido pela sociedade brasileira. Quero lembrá-los de que há muito para viver, fazer e experimentar, e que a vida não acaba aos sessenta.

Hoje, mais do que nunca, tenho sede de viver. E tenho ainda mais o desejo de ajudar outras pessoas a também se reencontrarem com essa sede. Quero criar vivências, produtos e experiências que façam sentido, que sejam úteis, que devolvam à vida o brilho que, às vezes, o tempo, as dores e o silêncio vão apagando. E faço isso um passo de cada vez, como as formigas, que constroem grandes obras sem alarde, mas com persistência, força e união. E o podcast é só o começo.

Eu acredito que a beleza da vida não está no que nos acontece, mas sim em como escolhemos enxergar cada detalhe.

Quando chegam à idade madura, muitos veem o fim.

Eu vejo recomeços.

Hoje eu digo: conexões eternas. Pessoas reais com histórias reais. E é com elas que sigo aprendendo a viver.

A LUZ QUE NÃO SE ESCONDE

ANTÔNIO MELO

ANTÔNIO MELO é cirurgião plástico, com formação e especialização pela Faculdade de Medicina da USP de Ribeirão Preto. Atua desde 2010 unindo excelência técnica à visão empresarial da medicina. Ao longo de mais de duas décadas de carreira, desenvolveu um olhar estratégico que o levou a transformar seu consultório em uma empresa sólida, escalável e focada em inovação, experiência do paciente e sustentabilidade.

Nos últimos dez anos, aprofundou-se nos pilares que sustentam empresas de alto desempenho: gestão de pessoas, liderança, branding, marketing médico, finanças, processos e encantamento. Mais recentemente, sentiu o chamado de compartilhar esse conhecimento com outros profissionais da área da saúde — não como um fim em si mesmo, mas como um verdadeiro transbordamento. Acredita que a influência nasce da responsabilidade de semear o que se aprendeu e transformar realidades. Seu propósito hoje é expandir esse impacto, ajudando médicos a se tornarem protagonistas de suas histórias e multiplicadores de sucesso e consciência.

DIZEM QUE UM HOMEM SOBREVIVEU SOZINHO NUMA FLORESTA POR trinta dias. Quando finalmente encontrou o caminho de volta, não correu para casa. Em vez disso, pegou uma pedra e desenhou no chão, entre galhos e folhas, os sinais que o haviam guiado ao trajeto correto. "Outros passarão por aqui", ele disse. E voltou em silêncio para seu lar.

Esse é o espírito da influência verdadeira. Não a que grita para ser ouvida, mas a que transforma tudo silenciosamente. A influência que nasce da responsabilidade de ter visto, vivido, compreendido. Porque há um momento na vida em que o que você aprendeu não serve mais apenas para si, esse aprendizado se torna semente, e a semente, por natureza, quer brotar.

Há momentos em que o silêncio se torna ensurdecedor. Não aquele que vem de fora, mas o que ecoa dentro de quem carregou feridas que o mundo não viu. Quem caminhou entre dúvidas, lutou contra invisibilidades e, ainda assim, voltou. Voltar inteiro de um vale escuro não é comum, e quem volta carrega consigo o mapa. Influenciar, então, deixa de ser opção e se torna dever.

A verdade experienciada, aquela que você só encontra depois de muita queda e renascimento, pulsa como luz contida em vidro, e não há como aprisioná-la para sempre. Ela racha o invólucro, escapa pelas bordas. A luz, quando real, não se deixa esconder.

Confúcio escreveu que a virtude do homem superior é como o vento: invisível, mas presente e capaz de curvar a grama apenas com sua passagem. Influenciar é viver com tamanha inteireza que sua presença altera a paisagem. O filósofo Hans Jonas, com sua ética da responsabilidade, clamava que o conhecimento gera obrigação: "Age de modo que os efeitos da tua ação sejam compatíveis com a permanência de uma vida humana autêntica na Terra". Aquilo que você sabe, se não compartilhado, morre com você. E esse talvez seja o maior desperdício da vida.

Na Bíblia, o sermão da montanha ecoa como um chamado imortal: "Vós sois a luz do mundo; não se pode esconder uma cidade edificada sobre um monte". Influenciar é erguer essa cidade, é ser farol para iluminar caminhos mesmo quando você ainda sente medo da própria claridade. Luz que se esconde é escuridão consentida.

Os antigos egípcios também sabiam disso. Na *Instrução de Amenemope*, lemos: "Dá o teu ouvido e ouve o que eu digo, e aplica o teu coração para apreender". É o chamado para que a sabedoria seja transmitida de geração em geração não como imposição, mas como partilha. E a influência é essa corrente silenciosa que nos liga ao que é maior.

Ser influente é ser semeador. É aceitar que sua vida não pode mais ser um jardim murado. Deixe abrir a cerca e permita que os frutos alimentem os demais. Você sabe, agora, que o caminho que trilhou pode ser luz para quem vem tropeçando na escuridão. Por isso, esconder-se é covardia. Fugir é traição à própria verdade.

E quem se nega a esse chamado, quem se encolhe, na verdade está recusando a própria grandeza. Porque existe um momento na vida em que não se trata mais do que você pode conquistar, mas do que você pode construir para além de si. Não é mais fortalecer o nome que faz para si, mas os nomes que você inspira.

Influenciar é lançar sementes em terras que talvez você nunca pise, é acender tochas que iluminarão caminhos que seus olhos jamais verão, mas o fará mesmo assim, porque você viu. Você sabe. E, agora, você deve.

A influência real não busca aplausos, constrói legados. É a marca invisível que permanece quando você já foi. É a mudança sutil no olhar de alguém que ouviu suas palavras, observou seus gestos. É o passo que o outro ousa dar porque viu você trilhar primeiro.

Então, se você carrega uma história, uma verdade, um caminho percorrido, compartilhe. Conte sua dor, sua volta, sua cura. Não para ser celebrado, mas para ser útil. Escolha uma pessoa para iluminar com a sua história. Pode ser com uma palavra, um gesto, uma escuta, simples ações. Toda grande influência começa com o chamado de um coração que se recusa a ficar em silêncio. Porque a verdadeira luz, quando reconhecida, jamais volta a se esconder.

INFLUÊNCIA SEM PEDIR PERMISSÃO

A postura feminina no mundo dos negócios

BEATRIZ ROJAS FINOCHIO

BEATRIZ ROJAS FINOCHIO é mãe, esposa, empresária, palestrante, advogada empresarial especializada em direito tributário e administração de passivos, empresas em recuperação judicial e proteção patrimonial.

Há mais de dez anos atuante na área tributária, com passagem por órgãos públicos como Procuradoria-Geral da Fazenda Nacional, atualmente é CEO e sócia fundadora da empresa BF Company, com foco em gestão tributária e operações empresariais, responsável por reestruturar diversos negócios e economizar mais de R$ 1,8 bilhão em dívidas tributárias. Também ensina tributaristas a terem um modelo de negócio lucrativo através de eventos e palestras.

Instagram **BEATRIZFINOCHIO**

APRESENTEI UMA SOLUÇÃO QUE REDUZIU 48 MILHÕES DE REAIS EM dívidas tributárias de uma empresa. Um feito técnico, estratégico e expressivo, mas, ao discutir honorários, ouvi: "Quantos empresários como eu já sentaram diante de uma menina como você?". Sem nem piscar, respondi: "Quantos advogados como eu já trouxeram 48 milhões de economia ao senhor?". O empresário concordou, e conseguimos fechar a negociação rapidamente.

Essa experiência me fez entender que o mundo dos negócios testa, mas respeita resultado. Influenciar em um ambiente majoritariamente masculino não é pedir espaço, é ocupar com postura. E este texto não é militante, é realista: o ambiente jurídico tributário é masculino, sim, e negar isso é não se preparar para a realidade que irá viver. Mais do que pouco a pouco tentar mudar a diferença desproporcional entre homens e mulheres na área, aceitar essa realidade exige coragem, preparo e a decisão diária de não recuar.

E quando digo aceitar a realidade do desequilíbrio de gênero não é se render, é ser estratégica. Fingir que o ambiente é neutro é se sabotar, ignorar o óbvio. Agir com aceitação permite ação precisa. Conformismo abaixa a cabeça; aceitação levanta os olhos. A influência exige que deixemos a postura de vítima e encaremos os desafios com preparo. Veja o caso acima: eu sabia que seria testada pela aparência jovem e me preparei para rebater com meus resultados excelentes. Influência real nasce quando você entrega resultado mesmo num terreno tão desigual quanto o da advocacia tributária.

A aparência comunica, sim. E, para mulheres jovens, ela pode ser a chave para que sejam subestimadas. Por isso, fiz da presença a minha aliada. Presença não é idade — é postura. É entrar em uma sala com firmeza, ouvir, sustentar o olhar e conduzir com segurança, sem se assustar com um tom mais alto ou um olhar superior. A juventude traz energia, visão atual e coragem para inovar, e aprendi a usar isso a meu favor; assim como aproveitei a postura firme que vem com o autoconhecimento.

Seu corpo fala. Sua linguagem importa. Não se sinta obrigada a se masculinizar. Trabalhe com coerência, estratégia e autenticidade, e não precisará perder a sua essência.

Influência não se implora — se comprova. O empresário da situação relatada só respeitou meu trabalho após ver o impacto real. Resultado é a base da influência.

Mas não basta entregar: é preciso comunicar o valor do que foi feito. Saber falar de números, apresentar bastidores, defender honorários, mostrar a importância da sua ação naquele resultado e, sobretudo, não cair na armadilha de querer agradar, de abrir mão para deixar o ambiente mais leve. Gentileza em excesso vira submissão — e submissão não influencia. Ao longo da minha carreira, aprendi que alguns ambientes falam por você. Estar em espaços de decisão comunica pertencimento e constrói autoridade, portanto, visibilidade estratégica é essencial: quem não é vista, não é lembrada. Além disso, conexões certas elevam qualquer reputação. O efeito associativo faz com que parte do prestígio alheio reflita em você. Não é bajulação — é inteligência e estratégia social. Estar próxima de líderes e círculos relevantes abre portas que sozinha seriam difíceis de mover. Influência é união de competência, visão e contexto.

Influência verdadeira é silenciosa. Coragem discreta é ouvir mais do que falar, observar antes de reagir, não ceder à ansiedade de aceitação, nem à pressão por agradar. Ser estratégica é saber quando calar, aceitar a falta de um dado e informar "vou buscar essa informação" sem tentar parecer infalível. Posicionamento firme não é confronto, é clareza. Quem sabe seu valor não sente necessidade de prová-lo o tempo todo. O mercado respeita quem é constante, quem sustenta presença mesmo quando é inicialmente desacreditada. Essa coragem silenciosa transforma influência em mudança real na atitude de terceiros.

Minha presença foi construída com preparo, constância e a escolha de não me encaixar em expectativas alheias. Trabalhei sempre para me manter fiel a quem realmente sou, dentro e fora do trabalho. Influência feminina não é rebeldia — é consciência. É enxergar os desafios e, ainda assim, permanecer inteira, sem abrir mão de partes de si para agradar aos outros. Você não precisa gritar, precisa apenas estar segura do seu valor. O mundo ainda é masculino, mas isso nunca me impediu de entrar e deixar a minha marca.

PAI NÃO É REDE DE APOIO

O poder da influência para despertar a paternidade ativa

CAIO PÁDUA

CAIO PÁDUA é médico oftalmologista, pai da Maria e do Joaquim. Criador do perfil @pdepai, onde compartilha com humor e sensibilidade a jornada real da paternidade. Também está à frente do podcast @cafecomdoutor.podcast, além de empreender na área da saúde, liderando clínicas oftalmológicas de referência e ajudando colegas a transformar seus consultórios em negócios lucrativos. Acompanhe, inspire-se e conecte-se.

Instagram **P.DE.PAI**
Spotify **CAFECOMDOUTOR.PODCAST**
TikTok **PDEPAI_**

SER PAI E INFLUENCIAR OUTROS PAIS SÃO ALGUMAS DAS FORMAS mais poderosas de deixar um legado na sociedade. Não se trata de perfeição, mas de presença real. E, quando essa presença é constante, verdadeira e comunicada com sinceridade, ela se transforma em autoridade — dentro e fora de casa.

Foi com essa consciência que comecei a falar sobre paternidade nas redes sociais. Não por vaidade, nem como estratégia de marca pessoal, mas por uma urgência interna, um desejo de ocupar um espaço quase ausente. Quero mostrar como a presença paterna pode transformar famílias e, ao mesmo tempo, mudar a maneira como somos vistos no mundo — como homens, como profissionais, como líderes. Falar sobre paternidade ativa é também falar sobre identidade.

Lembro exatamente do momento em que percebi a lacuna. Enquanto perfis de maternidade compartilhavam rotinas, dores e alegrias legítimas, o universo da paternidade seguia resumido a piadas, memes e uma figura folclórica do "pai que ajuda". Aquilo me incomodava — não por exclusão, mas por perceber a ausência gritante de homens reais dividindo a jornada de criação dos filhos.

Foi desse incômodo que nasceu o P de Pai — não como projeto de influência, mas como um espaço de expressão e reinvenção. Descobri que o silêncio das redes era o reflexo de algo estrutural: a desigualdade profunda na divisão das responsabilidades parentais, tanto nos cuidados do dia a dia quanto nas demandas emocionais.

Como pai, precisei romper padrões. Fui criado ouvindo que um bom pai era quem provia. Mas a rotina com meus filhos, a convivência com minha esposa e a escuta das dores dela me mostraram uma verdade essencial: pai não é rede de apoio. Pai é base, é referência, é presença ativa.

E foi quando passei a mostrar a nossa rotina — cheia de cansaço, mas com leveza e amor — que os conteúdos começaram a ganhar força. Vídeos mostrando a divisão de tarefas com humor e empatia viralizaram. Os posts mais fortes são os que dão voz às dores invisíveis das mães: a solidão, a sobrecarga, a exaustão física e emocional, o fardo silencioso de carregar o lar quase sozinha.

A resposta? Majoritariamente feminina. São as mães que me seguem, comentam, compartilham e choram. Em meio ao caos, encontram nesses vídeos uma esperança: de que um novo tipo de pai é possível. Um pai que assume sua função, que entende que trocar uma fralda ou preparar o jantar não é favor, é responsabilidade.

É curioso que, mesmo com um conteúdo sobre paternidade, 90% da audiência seja composta por mulheres. Mães. Parceiras. Avós. Elas compartilham, cobram, indicam. Buscam alívio e, às vezes, uma referência para mostrar: "Olha, é possível".

E os pais? Por que não estão ali, aprendendo, consumindo, refletindo?

A resposta dói: porque muitos nem sabem por onde começar. Foram criados por pais distantes e repetem padrões, sem reconhecer o impacto da ausência. Acham que estar presente fisicamente é o suficiente. Que "ajudar" é mais do que o necessário.

Presos a padrões nunca questionados, muitos desses pais ainda acham que sustentar financeiramente é o bastante. E, quando participam, esperam palmas e grandes agradecimentos. Não por maldade, mas porque cresceram numa cultura que não ensinou o que é conexão emocional, escuta ativa, presença afetiva. Enquanto isso, o tempo passa, a infância voa. E, quando percebem, os filhos cresceram e eles não sabem quem são aquelas pessoas com quem dividem a casa.

Essa ausência sutil, mas constante, tem efeitos profundos. Prejudica o desenvolvimento das crianças, sobrecarrega a mãe e parceira e alimenta um ciclo de dor e frustração para toda a família. Mas tudo pode mudar com um passo: influência.

Influenciar não é entreter, é transformar. Quando um pai vê outro acolhendo o filho, dividindo tarefas, sendo presença, enxerga uma nova possibilidade. Mesmo que de início não diga nada, ele observa. E observar é o primeiro passo para mudar.

A missão de influenciar pais é urgente. Estamos tentando reeducar uma geração que cresceu achando que "ajudar" era tudo, que cuidar era papel exclusivo da mulher, que o trabalho fora de casa justificava a ausência dentro dela.

Mas, quando mostramos que é possível — e mais que isso, necessário — sermos pais de verdade, começamos a transformar tudo. Um pai presente contribui para uma mãe mais saudável, uma criança mais segura, um lar mais harmônico e uma sociedade mais justa. A influência se espalha em efeito dominó.

Claro, também precisamos de mudanças estruturais. Não dá para falar em vínculo afetivo quando tudo o que se oferece são cinco dias de licença para o pai e alguns meses para a mãe. A cultura precisa andar junto da legislação para uma sociedade que realmente respeita as necessidades da primeira infância.

E os ganhos vão muito além da família. Um pai ativo é visto como um profissional mais confiável, empático, equilibrado. A paternidade comunicada com verdade se transforma em marca pessoal — não no sentido comercial, mas como expressão de coerência, valores e humanidade. E aqui não falo de marketing, falo de reputação. Falo de autoridade que nasce da presença, não da perfeição.

Ser pai é mais do que colocar um sobrenome. É estar todos os dias, ouvir, cuidar e construir vínculo com constância.

Influenciar nesse campo é um ato de coragem. Muitas vezes, parece que falamos só com quem já entendeu: as mães. Mas cada vídeo, cada palavra, cada conversa são sementes que podem alcançar um pai e incentivá-lo a se tornar uma presença real. Quem cresce com esse pai amadurece mais forte, mais seguro, mais inteiro.

Se queremos um mundo melhor, precisamos de homens melhores; e, para termos homens melhores, precisamos formar pais melhores.

Agora, me diga: se seu filho pudesse te seguir nas redes sociais, ele se orgulharia do pai que você mostra ser por lá ou sentiria falta do pai que ele queria que você fosse?

LIDERANÇA É POSICIONAMENTO

CAROLINA SAMPAIO GÓES MANHÃES DE ALMEIDA

CAROLINA SAMPAIO GÓES MANHÃES DE ALMEIDA nasceu em São Paulo, em 1996, e cresceu apaixonada por esporte, principalmente o hipismo. É técnica em comércio exterior, bacharel em comunicação social e pós-graduada em branding pela ESPM, com cursos complementares de marketing digital na London School of Business and Finance e de *consumer insights* na ESPM. Sócia fundadora da Sustente (2011-7), desde 2019 está à frente da CMA Comunicação Digital, a primeira agência de pós-branding do Brasil. Entusiasta de empreendedorismo, posicionamento, liderança e comunicação.

Instagram **CAROLINAMANHAES | CMA_AGENCIA**
LinkedIn **LINKEDIN.COM/IN/CAROLINAMANHAES**

A PRIMEIRA VEZ QUE EU LIDEREI NÃO FOI EM UMA SALA DE AULA, nem em uma reunião de trabalho. Para falar a verdade, eu nem sabia que estava liderando. Eu tinha quatro anos e estava montada em um animal de mais de quatrocentos quilos.

Era minha primeira aula de hipismo, e foi ali que aprendi, sem perceber, que liderança não tem a ver com força, imposição ou controle. Tem a ver com confiança. Com influência.

No hipismo, você não impõe nada. É impossível obrigar o cavalo a te obedecer, e, se você tentar, pode ter certeza de que, em uma disputa de força, ele ganha. Mas ele *escolhe* se quer ser guiado. Se quer ser influenciado. E o cavaleiro ou a amazona deve entender essa diferença.

Por meio dessa conexão, criam-se respeito e reciprocidade. É um trabalho em dupla, que só funciona se o cavalo confia em você. Há, então, uma relação baseada em escuta e presença: cada movimento do seu corpo comunica algo e, de repente, os movimentos estão sincronizados. As rédeas passam a ser opcionais: dois corpos se tornam um. Não há truque, não há força, apenas conexão. E essa lógica se aplica a tudo: equipes, clientes, empresas.

Confiança gera obediência voluntária. Sem ela, não existe liderança de verdade.

No hipismo, nos deparamos com refugos, desvios, faltas e, claro, erros dos dois lados. E há duas formas de corrigir: você pode "forçar" o cavalo a fazer o que você quer por meio do chicote ou das esporas, ou pode entender a causa desses problemas, levar para casa o aprendizado e treinar. E você há de concordar comigo que, na primeira opção, não é liderança, é imposição de medo.

Já na adolescência, comecei a ter contato com a liderança no contexto de trabalho. Era "apenas" um projeto de escola para criar uma empresa inédita de serviço/produto sustentável — e a nossa era simples, mas ousada: coletar sacos de cimento na construção civil, higienizá-los sem uso de água nem produtos químicos e reaproveitá-los como matéria-prima para novos produtos. Desenvolvemos tudo o que precisava, e nosso grupo venceu como melhor projeto, enquanto eu fui premiada pela apresentação.

Como um passo de fé, um amigo e eu — com apoio dos nossos pais, afinal, tínhamos quinze anos — seguimos com a empresa. Fundamos a

Sustente, e foi ali que entendi que o senso de liderança que me acompanhava desde criança podia ser bem trabalhado nessa empreitada. Aprendemos muito e, principalmente, o que não fazer: por falta de direcionamento, estrutura e conhecimento, a empresa foi encerrada em 2017, mas o aprendizado ficou, e o desejo de empreender continuou vivo.

Em 2015, entrei na Braskem como estagiária, e por quase três anos vivenciei um ambiente de liderança forte voltado para pessoas, onde vi de perto o trabalho do então VP Marcelo Arantes, líder que equilibrava performance e propósito. Marcelo valorizava a saúde, a família e a equipe — e, aos meus olhos, fazia isso com coerência. Me mostrou que influência real é aquela que vem da verdade de quem você é, não só do cargo que ocupa.

Marcelo não liderava com voz alta, mas com postura, escuta, direção e inspiração. E essa foi uma das maiores lições que levei da Braskem: a influência só é duradoura quando a pessoa que influencia vive aquilo que prega. Até hoje, sua influência reverbera em mim. Ainda acompanho seus passos, sigo com admiração e tento extrair o melhor de seus ensinamentos.

Depois da Braskem, fui para a SKY. Um período breve, um ano, mas suficiente para entender que o mundo corporativo, por mais estável que fosse, não oferecia o espaço de construção que eu desejava. Decidi voltar a empreender, e assim nasceu a CMA, minha agência de (pós-)branding digital.

Comecei sozinha e, durante quase seis anos, ainda que tivesse dado o passo de "eugência" para agência logo nos primeiros meses, participei de tudo: redação, estratégia, tráfego, comercial, financeiro e até design; e o que era desafiador no início ficou "fichinha" se comparado ao desafio de ter uma equipe com doze colaboradores, mais de 25 clientes simultâneos, fornecedores e, claro, lidar com entregas, crises e recomeços inerentes ao empreendedorismo.

Hoje, com uma equipe capacitada e uma sócia com habilidades que complementam as minhas — além de um perfil de liderança extremamente diferente do que cultivo —, passo para uma nova fase pessoal-profissional em que eu e a CMA não somos mais sinônimos.

Entendi que minha liderança precisava dar um novo passo. Quem deseja influenciar precisa, primeiro, se posicionar como um líder — e isso não tem nada a ver com cargo. Tem a ver com postura, clareza e decisão. E foi aí que mergulhei no universo do branding — e, mais do que isso, do pós-branding.

Branding é o que você promete. Pós-branding é o que você cumpre. E, no meio disso, está a influência. Hoje, ter uma marca bonita com uma narrativa interessante é bacana, mas não o suficiente se ninguém entende quem você é e se a sua postura não sustenta essa promessa. Al Ries já dizia: "Posicionamento não é sobre você, mas sobre como os outros te percebem".* Isso vale para empresas e pessoas: posicionamento sem coerência é marketing vazio, e influência sem consciência é manipulação. Quando quem você é sustenta aquilo que você diz, a influência acontece naturalmente.

E aí volto à essência deste capítulo: influência é posicionamento. A partir do momento em que você se posiciona, adquire o poder de influenciar; mas, se não trabalha esse posicionamento com base nas suas crenças, valores e, claro, objetivos, nada nem ninguém será influenciado por você.

O que aprendi com o hipismo serve até hoje para a minha vida profissional: não existe liderança sem conexão. No ambiente corporativo é a mesma coisa: a boa liderança só acontece quando há confiança. Quem lidera com consciência transforma silenciosamente o ambiente à sua volta.

Ah, e é importante lembrar: nem todo influencer de profissão é influenciador. O que separa o carisma da autoridade é a intenção, e o que transforma a influência em legado é a consistência. Influenciar é conduzir com verdade e liderar com posicionamento.

* RIES, Al; TROUT, Jack. *Posicionamento: a batalha por sua mente: como ser visto e ouvido em um mercado supercompetitivo*. Rio de Janeiro: M. Books, 2009.

INFLUENCIAR É CONECTAR COM PROPÓSITO

DANIEL GRAMIGNA

DANIEL GRAMIGNA, conhecido como O Pai do Networking, é empresário, palestrante e fundador do Grupo N e do GranClub — grupo que integra a MLS (Mentoring League Society) ao lado de nomes como Flávio Augusto da Silva, Joel Jota e Caio Carneiro, de quem hoje é sócio. Transformou conexões estratégicas em uma ferramenta prática de crescimento e faturamento. Atua ajudando empreendedores a criarem conexões que se transformam em contratos, por meio do networking intencional. É autor do livro *Networking é o princípio do dinheiro* e, hoje, é referência nacional em networking de alto nível e construção de autoridade através dos relacionamentos certos.

Instagram **OPAIDONETWORKING**

DURANTE A MINHA JORNADA COMO EMPREENDEDOR, UMA DAS PRIMEIRAS coisas que aprendi foi que a influência verdadeira não é convencer alguém, mas sim inspirar uma ação com propósito. Quando entendi isso, minha forma de fazer networking mudou completamente — e meus resultados também.

A maioria das pessoas acha que para crescer no networking é preciso apenas se conectar, mas o que poucos percebem é que os relacionamentos certos só acontecem quando você se torna alguém influente. E não estou falando de acumular seguidores ou fama, estou falando de influência real — aquela que faz as pessoas pararem para ouvir o que você tem a dizer, respeitarem sua figura e desejarem caminhar ao seu lado.

A sua influência é medida pelo impacto que você causa nas decisões dos outros. Quando você se comunica com clareza, se posiciona com firmeza e serve com intenção, você se torna essa referência, alguém que gera confiança e, como consequência, conexão.

Ser influente é assumir um papel de liderança no meio do caos. É ter coragem de mostrar em que você acredita, mesmo que ninguém esteja fazendo igual. É olhar para uma sala cheia e perceber que você pode transformar aquele ambiente com a sua presença. Dentro do networking, a influência é um catalisador. Ela acelera a confiança, fundamental para que um relacionamento prospere.

Eu cresci com boas conexões porque sempre me comuniquei bem. Sempre me posicionei com clareza e verdade, sem esconder minha opinião. Mostrei o que pensava, compartilhei minhas ideias e me tornei uma referência. E isso, por si só, já é um ato de influência. Mas foi apenas quando comecei a influenciar — com intenção, estratégia e entrega de valor — que deixei de ser apenas mais um e passei a ser lembrado. Fui notado, recebi oportunidades que não existiram para quem se manteve apagado.

No meu método S.E.V.E.N., o V representa valor. E, aqui, valor não é apenas a qualidade do que você entrega, mas também a qualidade essencial das pessoas que você escolhe ter ao seu lado. Valor é estar cercado de pessoas que compartilham dos mesmos princípios, da mesma visão de crescimento. Não adianta querer influenciar quem não quer crescer com você; dividir a caminhada com pessoas sem valores em comum é desperdício de energia.

O primeiro E representa estratégia, porque influência sem estratégia vira vaidade. Sempre fui estratégico, sabia com quem me conectar, como chegar, quando mostrar e, principalmente, aonde eu queria chegar. Quem não tem boa estratégia perde tempo e oportunidades.

O N representa notoriedade, que é quando o seu nome circula mesmo que você não esteja presente. É ser mencionado, lembrado, citado — porque você marcou e influenciou com postura, entrega e consistência.

Quando você é influente, não precisa correr atrás de pessoas. As pessoas certas correm atrás de você. E isso não é ego — é posicionamento. A verdadeira influência atrai, multiplica, porque há um magnetismo natural entre quem constrói novas realidades. Já vi pessoas com milhões de seguidores que não conseguem mover uma ideia. E já vi líderes silenciosos, como os que crescem dentro do GranClub, movimento que criei após ser influenciado por nomes como Joel Jota, Caio Carneiro e Flávio Augusto da Silva no grupo Clax Club, moverem legiões com uma frase, uma conexão, uma atitude. A influência não está na quantidade. Está na qualidade do impacto. Esse tipo de ambiente puxa para cima, desafia a crescer. E mais do que isso: ensina que o networking certo, com a influência certa, cria possibilidades que antes pareciam distantes.

Eu não cresci apenas porque influenciei, cresci porque me conectei com pessoas maiores do que eu, que me deram força, e usei essa influência para puxar outros comigo. O verdadeiro crescimento não é algo isolado, é coletivo.

A influência também é sobre edificação. É fazer o outro se sentir melhor depois de um encontro com você. E isso, no mundo dos negócios, vale mais do que qualquer técnica de venda.

Posicionamento também faz parte desse jogo. Pessoas influentes não esperam reconhecimento. Elas se posicionam, se mostram, servem primeiro — e, por consequência, crescem. Por isso, se eu puder te entregar uma chave neste capítulo, seria esta: construa a sua influência antes de buscar conexões. Quando você influencia com verdade, o networking deixa de ser uma simples troca e vira transformação.

Certa vez, em um evento pequeno, me conectei com uma pessoa que, naquele momento, não parecia ter nada a ver com o meu negócio. Mas, por ouvir com atenção, por fazer uma pergunta certa e compartilhar uma visão, nasceu ali uma conexão que gerou um contrato milionário meses depois — não direto com ela, mas com alguém que veio por indicação. Isso é influência em rede. É o poder de estar presente, de enxergar além do óbvio. Esse tipo de resultado não acontece por acaso. Ele acontece porque, antes de ser um bom vendedor, eu aprendi a ser um bom conector. Antes de querer ser escutado, eu aprendi a ouvir. Antes de buscar aplausos, eu busquei presença. E tudo isso é influência.

Hoje, o meu papel é mostrar que o networking não é apenas aparecer em um ou outro evento — é um estilo de vida. E ser influente nesse contexto é entender que todos os dias são oportunidades para criar valor, gerar impacto e abrir caminhos. Se você deseja crescer de verdade, comece se tornando alguém que os outros gostariam de ter por perto. Seja alguém que eleva, inspira e conecta. O mundo já tem críticos demais, o que falta são influenciadores com alma, com verdade, com visão e com coragem para mostrar o caminho.

Frase de ouro que levo para a vida e convido você a levar também: "Você não precisa ser famoso. Precisa ser lembrado. E, para ser lembrado, precisa causar transformação". Afinal, networking é o Princípio do Dinheiro, mas a influência abre portas antes mesmo de você bater.

A VOZ QUE UM DIA FALHOU HOJE TRANSFORMA VIDAS

DANIEL RUSSO

DANIEL RUSSO é mentor de empresários, consultor empresarial e palestrante em liderança e gestão organizacional. Formado em engenharia química na Universidade Estadual de Maringá, com diversos MBAs e uma sólida trajetória de gestão em multinacional, construiu uma carreira marcada por excelência, inovação e resultados consistentes. Fundador da Synapse Business, é hoje uma referência no desenvolvimento de empresários e líderes e na expansão de negócios.

Reconhecido por sua visão estratégica e sua capacidade de antecipar tendências, Daniel consolidou-se como uma voz de autoridade no universo empresarial, unindo alta performance com valores inegociáveis. Inspira empresários a crescerem de forma estruturada, combinando gestão eficiente, mentalidade forte e visão de futuro.

Instagram **RUSSODANIEL**
YouTube **DANIEL RUSSO**

SABEMOS QUE NINGUÉM NASCE PRONTO, E COMIGO NÃO FOI DIFERENTE. Mas eu nasci com algo que me impulsionava, mesmo quando tudo à minha volta me puxava para trás.

Nasci em Araçatuba, interior de São Paulo, e tinha apenas doze anos quando o chão sumiu sob meus pés. A separação dos meus pais transformou nossa casa alegre em um local em que só havia silêncio. Não havia manual, nem escolha. Apenas a necessidade — extrema — de me levantar.

Foi nesse cenário que a liderança me forjou. Não veio com certificado ou curso. Ela surgiu entre o barulho da panela, a toalha plástica da mesa, as contas no armário e o olhar firme da minha mãe. Eu não sabia o que fazer, mas sabia que precisava cuidar da minha mãe e da minha irmã.

Naquela casa apertada, nasceu algo que só anos depois eu entenderia: o líder que cuida nasce antes do líder que comanda. Ali, deixei de ser apenas um filho e me tornei o homem da casa. Cresci num ambiente onde liderar não era escolha, era urgência. Minha mãe, minha irmã e o silêncio. O silêncio de quem precisa aguentar.

E, de fato, eu não sabia falar. Eu era gago. Hoje sou conhecido por usar a voz, por ensinar outros a liderar também pela fala, mas naquela época minha voz era um campo de batalha. Cada frase, um combate.

Aos treze anos, mudamos de cidade. Novo bairro, nova escola, novos desafios. Foi no basquete que encontrei refúgio — e reconstrução. Ali entendi que pertencer é mais poderoso que liderar. A disciplina, o espírito de equipe e a meritocracia do esporte me ensinaram que esforço vence talento quando este último não se esforça. Com a bola na mão e os joelhos ralados, conquistei minha primeira bolsa de estudos. Mais que uma chance, era um lembrete: quem não desiste, vence.

Aos dezenove, já na faculdade de engenharia química, continuei a enfrentar minha batalha silenciosa: a gagueira. Trabalhava à noite numa videolocadora, fazia pesquisa científica durante o dia e ainda era barman nos fins de semana, tudo para pagar a faculdade. Me expor, falar em público, puxar conversa — tudo era desconfortável. Mas eu sabia que minha voz era maior do que meu medo. Cada palavra dita com coragem era uma corrente se rompendo. E dentro de mim algo dizia: "Você nasceu para algo maior!".

Não tinha grana, mas tinha fôlego. E, com muito esforço, conquistei meu diploma universitário e uma vaga na multinacional Cargill.

O ambiente era industrial, exigente. O som das máquinas, o cheiro do óleo vegetal, as metas nas paredes. Tudo ali exigia mais do que técnica. Meu primeiro gestor, argentino, foi direto: "Faça mais com menos".

Me tornei gerente de uma operação que representava 12,5% do óleo de soja envasado no Brasil. Milhões de litros. Bilhões de dados. Mas o que mais me marcou não foram os números — foram as pessoas. Eu não liderava máquinas, liderava humanos.

Foi ali que meu chamado se tornou visível, real. Eu não gerenciava só processos. Eu cuidava de pessoas, enfrentava crises, tomava decisões que impactavam vidas. E entendi meu papel: um líder sem humanidade é um navio sem bússola. Liderança sem propósito vira pressão.

Com o tempo, percebi que estava mentoreando sem nem saber. Operadores vinham pedir conselhos, coordenadores desabafavam. E eu, naturalmente, ouvia, orientava, mostrava caminhos. Descobri que liderar vai muito além de produzir: é estar presente, é se importar de verdade.

O DESPERTAR

Recebi uma palavra profética aos doze anos. Jeremias 1:5: "Antes que te formasse no ventre, te escolhi".

Na época, eu não entendi. Mas essa mesma palavra voltou a ser declarada para mim aos 26 anos, pela boca de outro pastor. Foi quando percebi: não era coincidência, era uma promessa.

Quem tem tudo não tem nada, quem tem uma palavra de Deus tem tudo!

Eu compreendi que fui chamado para servir, porque a verdadeira liderança não está no poder, mas no propósito de transformar vidas e, consequentemente, empresas.

Depois de mais de uma década, notei que estava diante de uma zona de expulsão, nada ia para a frente. Fiquei dois anos lutando contra algo que não era para mim. Decidi romper e sair do mundo corporativo para mergulhar no meu propósito: desenvolver empresários que querem ir além do sucesso financeiro: querem deixar um legado.

Troquei estabilidade por propósito. Troquei o crachá pelo impacto. O meu chamado era maior do que o meu cargo. Impulsionado a não ser só mais um gerente e treinador de líderes, me tornei mentor de empresários.

Homens e mulheres que acordam cedo, tomam decisões pesadas, são cobrados o tempo todo — e quase nunca têm um espaço seguro para parar e refletir. Eles não precisam de mais tarefas. Precisam de direção.

Acredito que liderar não é técnica, é batimento, é quando o coração encontra o caminho. E, nessa jornada, construí o que chamo de **4 batimentos do líder humano**, método que levo para a vida e ensino a meus mentorados:

1. **Valor:** Você vale mais do que o que entrega.
2. **Identidade:** Não é sobre função, é sobre essência.
3. **Direção:** Sem um porquê, qualquer destino cansa.
4. **Afeto:** Liderar é sobre inspirar.

A DOR ME FEZ ACORDAR

A dor me ensinou tudo o que o conforto tentou esconder.

Eu sei o que é ser pequeno, ignorado, subestimado. Eu sei o que é se calar por não conseguir falar. Eu sei o que é sentir que o mundo não tem espaço para você. Mas eu também sei o que é resistir. Sei o que é ser levantado por Deus no meio do nada. Sei o que é amar sem medida. Sei o que é ser pai, ser marido, ser filho. Sei o que é ser humano.

E o mais importante: sei que o maior poder vem de DEUS.

Este capítulo é apenas um fragmento da história que ainda estou escrevendo. Um ensaio do livro completo que trará mais experiências, mais ferramentas, mais verdades. Se este texto tocou algo em você, saiba: não é coincidência, é chamado. Você não está sozinho. E você não precisa seguir sem direção.

A jornada pode ser mais leve. Mais clara. Mais viva. E você pode.

VOCÊ COMO O MAIOR INFLUENCIADOR DO SEU NEGÓCIO

DANIELLE SANTOS

DANIELLE SANTOS é uma paulistana que mora em Goiânia. Tem 39 anos, é casada com Alan Moura, mãe do Gustavo e da Lara, formada em gestão de recursos humanos, especialista em gestão de pessoas e inovação organizacional. MBA em controladoria, finanças e negócios, é analista comportamental e foi diretora da ABRH-GO de 2018 a 2021. Mentora de empresários, palestrante e empresária em três segmentos diferentes e Head de Operações na Octarte, acredita no tripé de sucesso: Pessoas, Processos e Gestão para reestruturação de empresas e crescimento de faturamento e lucro. É apaixonada por desenvolvimento humano e atua na área há dezenove anos. Acredita que o maior ativo das empresas são as PESSOAS, e é através delas que é possível enxergar os resultados.

Instagram **DANISANTOS.CONSULTORIA**

O SER HUMANO ENTENDE A DINÂMICA DE PODER RELACIONADA À influência desde pequeno. Já nos primeiros anos de vida, a criança será influenciada pelo meio em que vive e aprenderá com o conjunto de experiências, conhecimentos e comportamentos de sua cultura a influenciar outras pessoas. Ao estudar o assunto, a psicologia divide a influência em influência social e influência psicológica. A seguir, falarei um pouco sobre as duas.

Influência social descreve a maneira como as pessoas ajustam seus comportamentos para agradar às demandas de determinado ambiente e serem aceitas.

Influência psicológica é definida pela tendência natural humana a se conformar com o comportamento da maioria, mesmo que isso vá contra as próprias convicções.

Somos seres sociais por natureza, pois vivemos em sociedade. Esses ambientes coletivos ditam a maneira como vemos e vivemos a vida, bem como nossos comportamentos e atitudes. O ambiente força padrões que serão replicados por todos ali inseridos, principalmente o padrão de consumo, porque valida o modo como pensamos, sentimos e nos expressamos.

As pessoas inseridas em determinado padrão se adaptam para serem facilmente identificadas, fato esse que exemplifico com uma teoria básica do marketing: todas as marcas têm seu público-alvo e ideal, isso porque é estudada a *persona*, que pode ser caracterizada como o conjunto de informações (idade, o que faz, onde vive, do que gosta, do que desgosta, aonde costuma ir, o que consome, qual esporte pratica, qual restaurante frequenta, onde os filhos estudam etc.) que representam um comprador ideal para determinado produto ou marca.

Quando o assunto são os negócios, não é muito diferente. Você, empresário, é responsável por criar e fortalecer uma marca, que nesse caso é VOCÊ.

Para uma marca pessoal forte, considero fundamentais três pilares: o primeiro é credibilidade e confiança, fundamental para atrair e reter clientes. O custo de aquisição por cliente (CAC) é um indicador comercial e de marketing que calcula o quanto você gastou para trazer um cliente para comprar seu produto ou serviço, ou seja, existe um custo para um

A vida é de
quem arrisca.

cliente conhecer seu negócio, e, cada vez que existe uma recompra, seu lucro nesse investimento rende mais.

O segundo pilar importante é a criação de uma sólida comunidade em torno da marca. Lembre-se: pessoas precisam de pessoas. Essa interação vai resultar no envolvimento dos clientes que se sentem conectados e leais ao negócio, o que gera valor na experiência deles; além disso, esses clientes podem ser considerados promotores e fãs da marca. O terceiro pilar é quando a marca já está na vida das pessoas, então você abre portas para parcerias e colaborações, para alcançar novos públicos e se tornar referência em seu mercado.

Em resumo: seu crescimento será significativo tanto em vendas como em reputação da marca. Os três pilares citados mostram o resultado do que ser o próprio influenciador do seu negócio gera. Mas como se tornar essa pessoa? A seguir, vou listar um passo a passo para você colher os resultados necessários para se tornar o influenciador do seu negócio agora:

1. **Desenvolvimento pessoal:** As quatro maiores habilidades que você precisará ter são comunicação, liderança, autoconfiança e gestão de pessoas, sendo que a comunicação e a gestão de pessoas são as mais importantes.
2. **Desenvolvimento do time:** Os primeiros a serem apaixonados pela sua marca precisam ser seus colaboradores. Eles precisam estar engajados e conectados com a cultura, proposta de valor da marca, produto e serviço, e para isso são necessários alguns valores internos bem definidos, uma cultura organizacional forte, treinamentos periódicos e acompanhamento da liderança diariamente. Seu primeiro cliente é seu time! Cuide dele e ele cuidará da sua marca e dos seus clientes.
3. **Conexões com o público:** Você ensina seu público a partir do momento que fala sobre você, sobre sua história, como foi criado seu produto, para que serve seu serviço, qual dor do cliente a marca ou o produto resolve. Para isso você precisa criar conteúdos diários em diversos canais, on-line e off-line. E isso é muito importante, porque produtos e serviços não se vendem sozinhos. Alguém vai precisar fazer isso, e esse alguém é você. Quero salientar também que, nessa

posição de liderança, você será um espelho para seu time, portanto, a conexão com o público se dá através das VENDAS.

4. **Entender de pessoas:** Tudo na vida é por pessoas e para pessoas, e sempre defendi isso em minha trajetória profissional, independentemente da área em que se atua. Quando você entende o perfil comportamental de determinado cliente, consegue compreender melhor a relação de compra e consumo. A estratégia para cada perfil não pode ser a mesma, o script não pode ser o mesmo, a cadência também não. Então sugiro que você busque mais informações sobre a metodologia DISC, que divide as pessoas em quatro perfis comportamentais e pode ajudar você não só a vender melhor, mas também a mapear melhor seu público.
5. **Estratégia e alcance:** Nenhum dos itens acima acontece da noite para o dia, leva tempo e constância, e você precisa entender e avaliar as estratégias usadas e metrificar seus dados e resultados, porque só números dirão se você está ou não no caminho certo. Lembre-se: tudo na vida leva tempo, então comece hoje a colocar em prática seus aprendizados e recalcule a rota das decisões sempre que necessário, mas não desista do seus objetivos.

Aprendi que a melhor forma de influenciar é com a divulgação de resultados, pois vai impactar cada pessoa que acompanha a sua vida e o seu negócio. O resultado faz as pessoas entenderem que é possível e que você conhece o caminho.

Não viemos na vida a passeio, estamos aqui para nos desenvolver e evoluir pessoal e profissionalmente, então, se quer impactar positivamente outras vidas, reflita sobre como você influencia as pessoas e comece agora, com o poder da influência, a transformar o seu negócio.

QUEM VENDE FRANGO VENDE TUDO

DIEGO DO VALE

DIEGO DO VALE é empresário, consultor, conselheiro, mentor e estrategista premiado internacionalmente, com foco em escala empresarial, cujo primeiro negócio foi aberto aos catorze anos. Já atuou em indústrias do comércio e serviços, construiu contabilidade, consultoria, hamburgueria, empresa de manutenção, tendo alcançado resultados expressivos no Brasil.

Criador de uma metodologia própria de escala empresarial, já impactou diretamente mais de mil empresas por meio de sua abordagem prática, voltada para lucro, clareza, cultura, marketing, vendas, modelo de negócios e liderança.

É sócio da Mentoring League Society, fundador da empresa Select Club e do Grupo Avante, um ecossistema que forma empresários de verdade, além de atuar como conselheiro 360° de empresas com faturamento superior a 20 milhões ao ano.

Instagram **DIEGODOVALE**

O MAIOR ERRO DO EMPREENDEDOR INEXPERIENTE É ACHAR QUE abrir uma empresa já o torna automaticamente um empresário. Na verdade, a essa altura ele é empresário apenas para a Receita Federal. O mercado, os outros empresários e eu, Diego do Vale, depois de ter atendido mais de mil empresas através de consultorias nas áreas de finanças, contabilidade, gestão, liderança, vendas e marketing, vejo que só se pode chamar de empresário quem conquista lucro. Enquanto isso não acontece, a pessoa é apenas dona de um número de CNPJ.

É assim que começo este bate-papo com você, que busca, por meio de uma leitura rápida, ampliar sua visão ou encontrar inspiração para o seu negócio. Quero gerar nem que seja uma pequena conexão, um simples insight, que mude tudo. O empresário, quando investe tempo em um livro, busca exatamente isto: o 80/20 que lhe permitirá fazer mais com o mesmo, mais com menos ou muito mais com pouco. Neste texto, escolhi falar do tema que mais separa os empresários de verdade dos simples donos de CNPJ: vendas.

A grande verdade é que sem venda não existe empresa, e sem empresa não existe venda. Essa dinâmica é o coração de qualquer negócio. Primeiro você vende, depois entrega. Essa frase faz sentido para muita gente.

Comecei minha jornada profissional aos catorze anos. Essa experiência me marcou e me deixou com dívidas, mas foi fundamental para formar quem sou hoje. Tem gente que quebra e não se levanta nem sendo adulto, imagina isso para um adolescente que abriu o seu primeiro negócio com o único recurso que tinha, faliu e ficou endividado? Quem nunca passou por isso não sabe o que é esse sentimento. E o que vejo hoje são muitos empresários cometendo os mesmos erros que eu cometi quando ainda era quase uma criança. Mas eu era um garoto que vivia em uma zona rural com pouco mais de trinta famílias, sem internet, sem referência empresarial. Meu guia era o programa *Pequenas Empresas & Grandes Negócios* nas manhãs de domingo. O empresário que comete esse erro hoje já não pode dizer o mesmo.

Foi ali, no meio da roça, no início da adolescência, que comecei minha experiência como vendedor. Eu estava voltando de um dia de feira.

Todo sábado eu trabalhava em meu ponto na feira de Santa Maria da Vitória, município baiano. Até pouco tempo antes, minha avó, dona Irani, me levava às três da manhã da roça até a cidade numa caminhonete D10, com laranjas, galinhas vivas, abóboras e outras mercadorias que nós mesmos produzíamos para vender em seu ponto. Eu comecei vendendo com ela, mas, quando me desenvolvi, ela permitiu que eu tivesse a minha própria banca.

Numa dessas voltas da feira, passamos na casa de um amigo da família. No quintal dele havia um cercado com cerca de cem frangos, e aquilo me chamou atenção. Perguntei do que se tratava, e ele contou que tinha montado uma granja. Curioso, pedi para saber mais.

Aquele dia ainda está fresco na minha memória. As peças se encaixaram na minha cabeça. Fez total sentido montar minha granja. Eu tinha de patrimônio uma vaca e dois bezerros que meu avô Jesulindo havia me dado. Em minha mente fértil, eu já tinha vendido os bezerros, comprado cem pintinhos, depois 120, depois 150... Era 2002, época de grande confiança na prosperidade. Voltei para casa decidido. Avisei minha mãe, e ela me deu o sinal verde. Construí toda a estrutura com a ajuda do meu padrasto e de um pedreiro. O pouco dinheiro que eu tinha deu exatamente para os gastos. Foi um sucesso: outros criadores tiravam seus frangos com sessenta dias, os meus já estavam prontos com 45. E, antes disso, eu já tinha vendido quase todos com um método de vendas que aplico até hoje. E como eu vendia?

No início da produção, pensei: "Roque (o vizinho) já está com frangos grandes. Se eu demorar mais que ele, aumento meu custo com manutenção da granja". Era melhor vender um pouco mais barato e tentar antecipar uma parte do pagamento. Aqui vai um insight: quando se tem um negócio, o primeiro passo é vender. Sem vendas, não tem romance.

Quando meus frangos estavam com trinta dias, eu saía batendo de porta em porta em restaurantes, pousadas e bares para vendê-los, avisando que, no máximo em trinta dias, estariam prontos para abate e poderiam ser buscados na minha casa. A compra mínima era de dez frangos, mas o preço animava: quinze reais cada, valor especial praticado só naquele dia. E eles topavam.

Pegava meu caderninho, anotava o pedido e confirmava: dez frangos, total de 150 reais, certo? No interior, é comum garantir a venda com um sinal, então, assim que diziam "sim", eu já pedia um sinal de 30 a 50% para manter a oferta. Com isso, eu fazia caixa antes mesmo de entregar, além de não correr o risco de ficar com frango pronto para abate sem comprador. Isso facilitava tudo, eles buscavam na porta da minha casa e, dois dias depois de eu avisar que estavam prontos, todos já tinham sido retirados.

Vendas exigem segurança. E segurança vem da clareza. E clareza só vem com perguntas. Eu era muito jovem e ainda não fazia todas as perguntas certas, mas ancorava meu trabalho na reputação da família: falava que era neto da dona Irani, do Jesulindo, e isso gerava confiança. Muitos compravam também por me conhecer da feira.

O que eu aprendi com o Diego do Vale de catorze anos?

Não tenha vergonha de vender seu produto. Vá com tudo. Nesse processo, ouvi mais "não" do que "sim", caminhei por mais de cinquenta estabelecimentos, mas fui com energia, feliz, confiante no produto. Sabia que era uma oportunidade boa para o cliente, e eles também percebiam isso.

Mesmo morando na roça, mesmo sem estar bem-vestido, mesmo sem experiência com granjas, eu fui e vendi.

Insight: vá aonde seu mercado está, antecipe, feche com sinal.

Se o cliente gostou e faz sentido para ele, o próximo passo tem que ser o fechamento. Ou, no mínimo, uma entrada para mostrar compromisso. Nós, seres humanos, temos aversão a perder o que achamos que já é nosso.

Esse foi um breve relato de meu aprendizado com vendas. Agora é com você: ação é o que move. Lembre-se: para o empresário atento, um único insight bem aplicado pode mudar tudo.

A INFLUÊNCIA QUE MORA EM CADA UMA

FINLÂNDIA COSTA

FINLÂNDIA COSTA é corretora de imóveis desde 2010 e sócia fundadora da Zero19 Imóveis, referência no mercado de médio e alto padrão em Campinas. Reconhecida por sua visão estratégica e liderança sensível, construiu uma sólida trajetória em um setor historicamente dominado por homens — e se tornou uma das vozes femininas mais respeitadas do mercado imobiliário.

Mãe, empresária e influenciadora natural, Finlândia inspira outras mulheres a ocuparem espaços de poder com autenticidade, elegância e firmeza. Sua atuação vai além dos negócios: é um movimento de impacto, guiado por valores, performance e propósito. Através do exemplo, ela transforma ambientes, impulsiona pessoas e reforça que influência verdadeira nasce da coerência entre o que se diz e o que se faz.

Instagram **EUSOUFINLANDIA**
LinkedIn **LINKEDIN.COM/IN/FINLÂNDIA-COSTA-13063039**

SOU NORDESTINA. CHEGUEI AO ESTADO DE SÃO PAULO AOS SEIS ANOS, acompanhando minha família em uma viagem que, para muitos, seria uma aventura incerta. Pegamos carona com um caminhoneiro e começamos uma nova vida com pouca bagagem, mas com um mundo de esperanças. Essa trajetória simples e carregada de coragem me ensinou desde cedo que a verdadeira influência se constrói com pequenas atitudes diárias e grandes escolhas.

Da mesma maneira, minha entrada no mercado imobiliário foi um caminho inesperado, mas decisivo. Em 2010, ainda cursando enfermagem, comecei a trabalhar como vendedora para ajudar a pagar a faculdade. Foi nessa fase que aprendi o valor da escuta ativa, da paciência e da resiliência. Cada conversa com o cliente me ensinava algo novo, aprendizado valioso que nenhum livro de teoria poderia me dar: o poder de entender o outro, de ver além da necessidade imediata e de perceber o que realmente move cada pessoa. No entanto, este capítulo não é apenas sobre mim. Ele é sobre todas as mulheres que, com sutileza e força, vêm moldando o mercado imobiliário.

A presença feminina no mercado imobiliário não é algo recente, mas sua contribuição tem se tornado cada vez mais visível e marcante. As mulheres do setor não são apenas profissionais competentes, são excelentes transformadoras. Elas combinam a habilidade estratégica com uma visão humanizada, o que permite que as relações sejam mais do que transações e tornem-se verdadeiras parcerias de longo prazo.

Nós, mulheres, trazemos à tona uma energia única: a capacidade de equilibrar a objetividade dos negócios com a sensibilidade de criar conexões genuínas. Em um mercado delicado como esse, o equilíbrio é essencial. Em muitos casos, uma negociação não depende apenas da proposta financeira apresentada, mas da confiança que se constrói ao longo da jornada, da escuta ativa e do cuidado em cada palavra dita.

Com o tempo, aprendi que, quando estamos verdadeiramente interessados pela dor ou pelo desejo do cliente, tudo muda. A jornada deixa de ser apenas comercial — ela se torna mais leve, mais fluida, mais aconchegante. O cliente sente quando há verdade em nossas falas e atitudes, e a conexão que nasce disso abre portas que técnica de venda nenhuma conseguiria sozinha.

Com os anos, percebi um padrão: enquanto muitas mulheres têm foco total no resultado, uma parte significativa dos homens ainda se deixa conduzir pelo ego. Isso, muitas vezes, prejudica a fluidez do trabalho em equipe. A mulher geralmente tende a colaborar, somar, construir em conjunto porque compreende que para uma boa negociação não basta provar um ponto, é necessário alcançar um objetivo. E a gente sabe que chegou lá quando argumentar com um cliente de alto padrão se torna mais fácil do que negociar o uso do tablet com o filho de sete anos — se você é mãe e corretora, sabe que essa é a mais pura verdade.

O verdadeiro poder de uma mulher no mercado imobiliário está na maneira como ela consegue equilibrar as diversas dimensões da vida e da carreira. A mulher moderna nesse setor não apenas é uma excelente vendedora ou negociadora, mas também uma líder natural. Ela sabe quando ser firme e quando deve se mostrar flexível. Ela entende que é preciso mais do que um bom produto para que as transações aconteçam de forma harmoniosa, é preciso também entender as pessoas, suas necessidades e seus desejos mais profundos.

A influência feminina se dá pela maneira como lideramos com respeito e empatia. Essa liderança não se impõe, mas flui naturalmente, de forma estratégica e sutil. Ela se manifesta não apenas nos resultados tangíveis, mas nas relações que são estabelecidas, nas parcerias que são criadas e na confiança construída, todas essenciais para um mercado que está evoluindo constantemente e tem como chave para o progresso pessoas que sabem olhar para o futuro com uma visão abrangente.

As mulheres, com sua capacidade de enxergar múltiplas perspectivas e de agir com equilíbrio, estão cada vez mais presentes nas decisões estratégicas e nas inovações que moldam o setor. Nós sabemos que, quando temos a oportunidade de demonstrar nossa capacidade, o mercado nos reconhece. Sabemos que nossa presença não é apenas uma tendência, mas uma necessidade. Estamos aqui não só para vender imóveis, mas para transformar realidades, mudar vidas. Para criar lares e, acima de tudo, para construir conexões duradouras que vão além do fechamento de um contrato.

E, nesse contexto, influenciar é saber ser verdadeira em cada ato. É equilibrar as diferentes facetas da vida e aplicar essa harmonia também no trabalho. Não se trata de ser vista, mas de ser reconhecida pelo valor que traz para o mercado. A mulher que ilumina o mercado imobiliário é constante, firme, e sua presença traz mudanças que são sentidas em cada etapa do processo. Essa influência poderosa já está transformando tudo à sua volta. E é assim, com força, estratégia e equilíbrio, que essa profissional continua a moldar o futuro.

Aliás, se existe uma pergunta clássica nos meus atendimentos, é: "Por que você se chama Finlândia?". Eu sempre devolvo com outra pergunta, bem ao estilo da nossa terra: "Você conhece algum nordestino com nome sem criatividade?". Pronto, o riso quebra o gelo e a conversa flui. A verdade é que meu nome já virou minha marca registrada — e abre mais portas do que um simples cartão de visita.

INFLUÊNCIA MÉDICA

A voz que cura, a venda que transforma

GABRIEL LONGUINI MOREIRA

GABRIEL LONGUINI MOREIRA é médico, mentor, palestrante e escritor. É cristão, casado com Zhara Longuini e pai do Lorenzo e do Pietro. Se dedica profissionalmente, há mais de catorze anos, a cuidar de pessoas com dor crônica, tratando a dor na causa do problema. Autor do livro *A dor que me comove* e professor de gestão e empreendedorismo. É CEO do GL CLUB ENSINO, uma empresa dedicada a ajudar médicos a desenvolverem uma mentalidade vendedora, fortalecendo os pilares das estratégias de precificação e venda e transformando seu conhecimento em três produtos, gerando faturamentos de sete dígitos na vida dos seus mentorandos.

Instagram **GABRIELLONGUINIMOREIRA**
YouTube **GL CLUB PODCAST**

“TALVEZ O MAIOR BLOQUEIO NA SUA CARREIRA NÃO ESTEJA NA TÉCNICA, mas nas ideias errôneas em que acredita sobre vender.”

Ao crescer, somos treinados a tudo, menos a valorizar o próprio trabalho. A maioria dos médicos não percebe a complexidade e o risco real da profissão, por isso se submete à volumetria e a um trabalho mal remunerado, seja dentro ou fora do consultório.

Desde a faculdade de medicina, é comum ouvirmos frases como “não se fala de dinheiro”, “vender é antiético” e “marketing é para quem não é bom o suficiente”. E acreditamos. Muitos acham impossível ter pacientes particulares sem convênios ou faturar mais de 300 mil reais mensais atendendo cinquenta pacientes, ou seja, com menos de três consultas ao dia.

Muitos médicos, ao escutarem ou lerem esses números, logo pensam: “tem esquema”, “charlatão”, mas não é nada disso; pelo contrário, é pura ciência e propósito. A gente carrega essa culpa como um jaleco sujo de sangue depois do plantão: pesado, incômodo, mas aprendendo a conviver. Com medo de sair da zona de conforto, preferimos duvidar do colega e apontar falhas em vez de aprender com ele.

Mas hoje, como médico, mentor e empreendedor, posso afirmar, com toda a sinceridade de quem já viveu os dois lados da moeda: essa é uma crença limitante.

A ideia de que vender compromete a ética médica é equivocada, o Código de Ética Médica não proíbe um médico de vender. O que ele proíbe é algo fundamental: transformar a medicina em comércio, ou seja, usar práticas mercantilistas, sensacionalistas e antiéticas para captar pacientes ou promover serviços. Vender, quando é sinônimo de comunicar valor, servir melhor e com ética, não é proibido.

É justo saber quanto custa fazer o que você entrega aos seus pacientes e é tão importante quanto vender, pois uma precificação adequada traz prosperidade e evita o desencontro que acontece em muitos consultórios: o médico paga para trabalhar. Muitos não imaginam que às vezes o consultório bonito que frequentam fecha a conta no negativo porque o profissional não soube precificar, influenciar e vender com a mesma harmonia e qualidade com que atende.

Saúde, família, trabalho. Não inverta a ordem.

Vender, quando feito com responsabilidade e verdade, é uma ferramenta de comunicação e cuidado, uma verdadeira ferramenta de cura. Quando um profissional se comunica com clareza, mostra com firmeza o valor do que entrega e conduz o paciente com ética e empatia, apenas está cuidando com maior profundidade. Vender é levar uma pessoa do ponto A ao ponto B, é servir o seu paciente com o seu conhecimento. Ser bom tecnicamente é apenas obrigação.

Mas, antes de comunicar para o mundo, você precisa se convencer. Precisa quebrar a barreira interna que acha que você está fazendo algo errado. E aqui vai o ponto central deste texto: vender é servir. E servir é espiritual. Jesus, o maior líder da história, influenciava com amor e verdade. Ele não forçou ninguém, apenas apresentou o caminho. "Eu sou o caminho, a verdade e a vida" (João 14:6). E quem escuta, segue. Isso é influência. Isso é servir com intenção.

Aprendi com grandes líderes que a venda é uma ponte. Quando um médico tem um caminho que pode aliviar a dor de alguém e não o oferece, está perdendo a chance de cumprir sua missão de forma plena. E por que não oferecemos? Por medo e por conviver com pessoas que fazem o mesmo sem se questionar, muitas vezes sem nunca ter lido nossas diretrizes e o código de ética que orientam nossos passos.

Acredito que, no fundo, você sabe que poderia impactar muito mais pessoas se tivesse mais segurança para se comunicar, para mostrar o valor do seu trabalho e conduzir seus atendimentos com maior liberdade e propósito.

Daniel Pink, em *To Sell is Human*,* mostra que todos nós, independentemente da profissão, conversamos boa parte do tempo tentando influenciar decisões — e isso é completamente saudável quando feito com ética. Robert Cialdini, em *Influência*,** explica como a confiança, a autoridade e a empatia são pilares da persuasão; e António Damásio, em

* Daniel H. Pink. *To Sell is Human: The Surprising Truth About Moving Others*. Nova York: Riverhead Books, 2013.

** Robert B. Cialdini. *Influência: A psicologia da persuasão*. Portugal: Lua de Papel, 2020.

*O erro de Descartes,** afirma que toda decisão é atravessada pela emoção — inclusive a decisão de aderir a um tratamento. E quem melhor que um médico para orientar nesse momento? Por que não podemos decidir o valor do nosso trabalho?

"O trabalhador é digno do seu salário" (Lucas 10:7). Receber de forma justa permite que o profissional se estruture com tranquilidade e tempo para cuidar — de si e do outro — melhor. Comunicar valor com ética não é mercantilizar, é respeitar o que fazemos.

Com minha fala, não quero dizer que você precise se distanciar da medicina para crescer como profissional. Você só precisa lembrar que sua voz cura e, usada com sabedoria, pode melhorar vidas — inclusive a sua. A medicina do futuro pertence àqueles que entendem que influenciar é cuidar, comunicar é acolher e vender é uma forma de servir. A venda começa no olhar, se constrói na escuta e se concretiza quando o paciente diz: "Doutor, confio em você".

O que eu quero que você, profissional, internalize é: o médico que aprende a comunicar valor se liberta da escassez, da dependência e do medo — e passa a viver sua vocação com plenitude. Não é apenas se tornar vendedor, mas assumir papel de guia e líder na vida do paciente. Quem orienta com verdade, convence com leveza. E quem convence com leveza, transforma com profundidade.

Três frases-chave para vender mais:

1. "Quando você se comunica com verdade, o paciente compra com segurança."
2. "Toda consulta é uma oportunidade de gerar transformação — mas só transforma quem conduz com intenção."
3. "O valor do seu trabalho é proporcional à sua capacidade de comunicação ou a quanto ele pode aliviar a dor de alguém."

* António R. Damásio, *O erro de Descartes: Emoção, razão e o cérebro humano*. São Paulo: Companhia das Letras, 2012.

INFLUENCIANDO OS INFLUENTES

Como ser ouvido por quem já move o mundo

HENRIQUE TAKEMOTO

HENRIQUE TAKEMOTO é marido da Paula e pai do Theo, executivo, empresário e empreendedor serial, com mais de dezessete anos de experiência em liderança e crescimento empresarial. Ex-sócio da Deloitte aos 31 anos, fundou em 2019 uma empresa que atingiu mais de R$ 70 milhões em receitas em apenas cinco anos. Hoje, é empresário no setor de educação empresarial. Takemoto é especialista em liderança, negócios, alta performance e negociações complexas, já tendo liderado projetos na América do Sul e na Europa que, juntos, somam mais de R$ 200 bilhões. Uma das principais referências do setor de engenharia e construção, ficou em primeiro lugar no ranking em liderança e gestão pela Favikon em 2024.

Instagram **HENRIQUE.TAKEMOTO**
LinkedIn **LINKEDIN.COM/IN/HENRIQUETAKEMOTO**

DEZ ANOS COMO EXECUTIVO, SETE ANOS COMO EMPRESÁRIO. VIVI por quase duas décadas no meio de decisões difíceis, espaços onde ego, vaidade, arrogância e pressão tentam calar a verdade. No entanto, foi justamente ali, nos bastidores mais brutos do mercado, que entendi uma coisa: liderança de verdade não se impressiona com discurso, se conecta com coerência e se mobiliza pela influência.

Sou Henrique Takemoto e ao longo desses dezessete anos venho transformando empresas, equipes e mentalidades em setores onde não há espaço para achismos; só para resultados reais. Minha missão é clara: fazer empresas crescerem de forma eficiente e construir as lideranças mais impactantes e corajosas dessa geração.

Líderes de verdade não se impressionam fácil. Essas pessoas já viram muito, já ouviram de tudo. Elas sentem a diferença entre o que é dito e o que é vivido.

E nesse mundo moderno em que vivemos, onde a tecnologia avança mais rápido do que o bom senso e a capacidade das pessoas de entenderem o que está acontecendo, só uma coisa ainda move quem realmente decide: impacto real sustentado por propósito claro e valores inegociáveis.

Se você quer ser uma pessoa ouvida por quem já comanda o jogo, precisa antes ser uma pessoa respeitada em silêncio. A influência verdadeira não se grita, se conquista com postura, verdade, autoridade e presença.

O NOVO CENÁRIO DA INFLUÊNCIA

Vivemos na era do excesso. Excesso de vozes, de egos, de ruídos... mas, curiosamente, ainda faltam lideranças. Faltam referências reais. Líderes que nos inspirem, que nos influenciem positivamente. Sobram discursos bonitos, mas faltam posturas verdadeiras com valores inegociáveis.

Enquanto muitas pessoas estão preocupadas em parecerem relevantes, os líderes de verdade estão famintos por coerência, consistência e autenticidade. Buscam se transformar em pessoas que entregam o que prometem sem floreios, sem disfarces e sem máscaras.

E aí mora o erro de quem tenta influenciar o topo: acha que é sobre convencer com técnica, arrogância ou dinheiro quando, na verdade, o desafio é ser reconhecido pela entrega que faz, pelo impacto que gera e pelo exemplo que arrasta. Você não influencia grandes líderes com frases de efeito, bajulação e comportamentos rasos, mas com ações e valores consistentes.

O TRIPÉ DA INFLUÊNCIA DE ALTO NÍVEL (MÉTODO T.I.A.N.)

Para influenciar quem já tem influência, para mobilizar quem já atinge grandes resultados, você precisa operar em outro código e em outro nível. Esse código se apoia no meu método exclusivo: o Tripé da Influência de Alto Nível (T.I.A.N.).

O método T.I.A.N. não é teoria, é resultado de anos no campo, na frente de batalha, liderando empresas e pessoas em ambientes brutais do mercado, praticando, aperfeiçoando e gerando muitos resultados através dele. A seguir, explicarei um pouco mais sobre cada um dos três pilares.

1. **Intenção verdadeira (I):** Não adianta falar bonito se sua vida desmente o que você prega. Grandes líderes não respeitam discursos soltos. Respeitam coerência entre o que se fala, o que se faz e o que se vive. Influência começa onde termina o teatro. Se você precisa forçar, não tem influência alguma.
2. **Ambiência estratégica (A):** Quem você quer influenciar precisa te perceber no campo certo, jogando com os códigos certos e com os comportamentos e valores alinhados. Influência é um jogo de leitura. Você precisa entender o cenário, falar a língua certa, gerar valor nos bastidores e se posicionar com intenção. Não se trata de visibilidade, e sim de percepção estratégica.

3. **Narrativa com propósito (N):** Criar uma narrativa não significa contar histórias para emocionar, tampouco para ser uma pessoa famosa em alguma rede ou mídia social. É mais sobre transmitir experiências que carregam verdade, propósito e aprendizado real. Narrativas que não buscam aplausos, mas geram respeito, autoridade e impacto positivo. Gente grande reconhece potência nas entrelinhas.

UM CASO REAL DE INFLUÊNCIA

Em 2022, fui chamado para uma reunião com o CEO de uma empresa que já faturava alto, mas estava travado em decisões estratégicas. Eu entrei, ouvi o que ele tinha a dizer e, no fim, não prometi milagre. Mostrei o que precisava ser feito sem suavizar.

No final da reunião, aquele CEO que normalmente não mostrava emoções me disse algo que nunca esqueci: "Você foi o primeiro que teve coragem de me dizer a verdade, em vez de dizer o que eu queria ouvir. Eu quero pessoas que me digam a verdade, sem medo de perder o contrato".

Dois meses depois, mantendo a postura, a empresa virou o jogo. O cliente me convidou para uma posição estratégica; não pela empolgação, mas pela confiança construída sem firulas, com autenticidade, respeito e influência. Foi ali que confirmei: respeito real não nasce do que você fala, mas do que e como você faz.

A SUA VIRADA DE CHAVE

Uma vez escutei uma frase do Alvin Toffler que me marcou: "A pergunta certa é geralmente mais importante do que a resposta certa à pergunta errada". Sempre reforço que a pergunta certa não é "Como ser uma pessoa influente?". As perguntas devem ser "Como ser uma pessoa lembrada e admirada com respeito, mesmo quando você não está na sala? Como ser ouvido por quem move o mundo?".

Influência de alto nível é mais silenciosa do que exagerada. Ela é estratégica. É uma influência que preza pela qualidade, não pela quantidade. É sustentada por reputação, autoridade, valor percebido e confiança. É mais que vender uma imagem. É viver sua verdade com uma transparência brutal.

Influenciar o topo não é lutar por visibilidade. É construir confiabilidade. E só influencia quem tem coragem de viver com verdade, de entregar resultados extraordinários e expressar um propósito tão claro e transparente que pode até se tornar brutal.

Você pode continuar tentando impressionar ou pode se tornar o tipo de pessoa que os grandes escutam mesmo quando não diz palavra alguma. A escolha é sua.

A sociedade está carente de líderes influentes. Talvez o mundo esteja esperando você. Mas o verdadeiro você, com coragem de ser real. Afinal de contas, ideia todo mundo tem. Coragem, quase ninguém. Sem coragem, sem sucesso. Esse é o game.

HÁBITOS

A influência silenciosa e poderosa nos negócios

IGOR FINGER

IGOR FINGER é doutor em psicologia, mestre em psicologia clínica, psicólogo e empresário. Autor do livro *As cinco soluções: o guia indispensável para viver bem, produzir melhor e se realizar na vida* e coautor de outras obras. Dedica-se a temas como mentalidade empreendedora, hábitos para o sucesso e psicologia financeira. É palestrante e fundador do MindBiz Club, clube focado na mentalidade para aumentar o lucro. Foi professor universitário e de cursos de especialização.

Instagram **OIGORFINGER**
YouTube **IGOR FINGER**
LinkedIn **LINKEDIN.COM/IN/OIGORFINGER**

HÁ UM ASPECTO EM COMUM EM TUDO O QUE FAZ UMA EMPRESA ACONtecer: as pessoas. Uma vez que "pessoas" estão presentes em todas as partes de um negócio, ao focar no desenvolvimento delas, isso impacta todo o resto. "Mas pessoas são muito complexas", você vai me dizer. Concordo. Porém, mesmo com toda a complexidade humana, há um fator que tem grande influência em todo o resto: os hábitos.

Hábitos são comportamentos que, de tão repetidos, se tornaram automatizados — acontecem, sem você se dar conta, a partir de um sinal do ambiente. Têm tanta influência na pessoa que mudam sua identidade, sua personalidade e seu caráter. Imagina o poder dos seus bons hábitos na cultura, na marca e nos clientes do seu negócio ou no que você trabalha?

O cérebro humano automatiza comportamentos para economizar energia e liberar neurônios para novas decisões. Quanto mais você repete algo, mais o cérebro transforma essa ação em hábito — uma espécie de piloto automático. Isso pode ser ótimo quando o hábito é valioso, mas extremamente perigoso quando é um hábito destrutivo. Nos negócios, a lógica é a mesma. O que se repete vira padrão. E o padrão vira cultura. Por isso, para influenciar positivamente o negócio, é preciso que você primeiro observe, ajuste e fortaleça seus próprios hábitos.

Afirmo: se o negócio não vai bem, é porque os hábitos das pessoas que estão nele não são os certos. São os hábitos que, com o tempo, constroem ou sabotam tudo o que se está tentando realizar. Então, a forma mais segura e eficiente de construir o sucesso da empresa é influenciando a cultura da equipe, a força da marca e o comportamento dos clientes através dos hábitos da liderança.

A cultura da empresa não está no mural com valores e princípios — esse documento é apenas um lembrete —, está na forma como você age. Se o líder é impaciente, a cultura assume que pressa vale mais que precisão. Se acolhe, a cultura se torna espaço de escuta. Se ignora detalhes, a equipe aprende que excelência é opcional. Entende como essa influência é silenciosa e poderosa? A ciência psicológica explica isso pela modelagem comportamental: as pessoas aprendem mais observando do que ouvindo. Ou seja, sua equipe não segue o que você diz, mas o que faz com frequência. Seus hábitos definem o padrão de comportamento da

Não precisa acelerar,
basta não parar.

organização, e esses padrões, mantidos ao longo do tempo, formam a cultura do seu negócio.

Muitos acreditam que a marca é aquilo que está na identidade visual, no posicionamento ou na proposta de valor do empreendimento. Concordo que tudo isso importa, mas na realidade a marca é o que o cliente sente ao interagir com a empresa — e esse sentimento é moldado, em grande parte, pelos hábitos internos. A forma como você lida com prazos, responde mensagens, prepara uma entrega, trata os erros — tudo isso comunica. Tudo isso influencia. O hábito da clareza vira comunicação eficiente. O do improviso vira instabilidade. O da excelência vira confiança. E confiança é a base de uma marca vencedora.

A influência que os hábitos exercem sobre o cliente é sutil, mas decisiva. Pequenas repetições internas geram grandes percepções externas. O cliente percebe quando é cultivado o hábito de escutar, cuidar dos detalhes, melhorar sempre. E percebe quando há o hábito de empurrar, justificar falhas, tratar como mais um. No longo prazo, o que mantém um cliente não é só o produto ou o serviço, é a consistência da experiência. E experiência é hábito.

A criação de hábitos passa por quatro processos, que, em minhas mentorias e treinamentos, apresento no acrônimo GUIAR. Uma vez seguidos, influenciam outras pessoas que também passam a adotá-los. A seguir falaremos mais sobre cada um.

1. **Gatilho ultra evidente:** Todo hábito precisa de um sinal para iniciar o comportamento. Esse sinal pode ser o livro na mesa, a notificação no celular para a tarefa-chave do dia, a sala arrumada e sem distração para impulsionar a produtividade. Quanto mais gritante aos sentidos — visão, gustação, tato, olfato, audição — for esse sinal, mais fácil para o cérebro orientar você a agir.
2. **Intenção poderosa:** Quanto mais próximo dos valores, sonhos e princípios o comportamento o levar, maior a chance de se tornar um hábito. Valor é aquilo que é realmente importante, é o que torna a intenção fraca em uma poderosa atitude. Hábitos complexos requerem intenções poderosas para justificar sua criação.

3. **Ação supersimples:** Primeiro se cria o hábito, depois se aperfeiçoa. Pergunte-se qual o mínimo comportamento que se quer criar como hábito, aquilo que deve ser feito até nos piores dias. Esse é o tamanho certo da ação. Em uma empresa que estimula inovação, o hábito pode ser anotar todos os dias no mural uma solução para um problema, mesmo que não seja executável. Essa ação pode revelar soluções simples que estavam escondidas.
4. **Recompensa satisfatória:** O que aumenta as chances de um comportamento virar hábito é notar alguma recompensa assim que for feito. Um exemplo é colocar um clipe em um pote transparente a cada ligação de venda feita. Ao final do dia, é possível visualizar quantas ligações foram feitas e o quanto a atitude está aperfeiçoando a função de vendedor.

A influência mais forte que um líder pode exercer começa pela própria mente. Não adianta tentar influenciar o mercado se você não influencia, antes, seus próprios comportamentos. É aí que a verdadeira liderança acontece. Seja intencional com seus hábitos, entenda que eles são a base silenciosa da sua marca, da atitude da sua equipe e da experiência do seu cliente.

No fim das contas, o seu negócio — seja como dono ou funcionário — é simples reflexo da sua rotina. E, se você deseja ser o maior influenciador, os seus hábitos são o seu maior e mais poderoso canal de influência. Comece por eles.

A INFLUÊNCIA INVISÍVEL DAS FINANÇAS NAS EMPRESAS

IGOR NELSON DE BRITO

IGOR NELSON DE BRITO é CEO e fundador das empresas Ryka Gestão Contábil e Financeira, Pib Clinic, Money Mentoring e All In Mentoring. Maior especialista em finanças para clínicas de estética do país, ele já atendeu milhares de consultórios no país e no exterior e também ajudou centenas de clínicas a serem lucrativas, com margens superiores a 50%. Atualmente, conta com mais de duzentos clientes ativos e gerencia uma carteira de mais de 10 milhões ao mês. Seu grupo faturou cerca de 5 milhões em 2024 e tem projeção para 8 milhões em 2025.

Instagram **IGORNBRITO**

POR MUITO TEMPO, QUANDO OUVIA FALAR EM "INFLUÊNCIA", EU PENsava em marketing, oratória ou redes sociais. Mas, após acompanhar os bastidores de centenas de empresas, descobri uma forma silenciosa — e decisiva — de influência: a financeira.

Sou empresário, especialista em gestão financeira e contábil, e ajudo empreendedores a construir negócios rentáveis, escaláveis e livres da prisão operacional. Essa jornada me mostrou que muitos empresários tomam decisões no escuro, sem clareza dos números que sustentam (ou sabotam) o negócio.

A influência financeira não aparece em discursos ou cargos de liderança. Ela se revela em decisões simples: contratar ou esperar, precificar bem ou comprometer o lucro. A verdade é que tudo em uma empresa passa pelas finanças — da estratégia à cultura.

Mas a maioria dos empresários não enxerga o financeiro como um aliado estratégico. Eles veem como um mal necessário, um setor de controle, e não como o verdadeiro centro de decisão. Resultado? Decisões guiadas por medo, impulso ou achismo.

Nos bastidores, o padrão é claro: empresas com clareza financeira crescem com consistência e confiança. As que ignoram os números vivem apagando incêndios e lucrando menos do que poderiam.

É aqui que entra o papel do gestor financeiro — seja interno ou via terceirização de processos de empresas especializadas (BPO, na sigla em inglês). Esse profissional tem acesso ao que realmente sustenta a operação: padrões, gargalos, oportunidades. Mas só influencia de verdade quando assume seu papel de liderança: deixa o papel de "cara das planilhas" e vira parceiro estratégico do dono.

Influenciar, nesse contexto, é transformar dados em decisões. É ser ponte entre o caos e a clareza.

Já vimos isso acontecer diversas vezes. Uma clínica médica, por exemplo, faturava 480 mil reais por mês, mas vivia no limite do caixa. A sócia tomava decisões baseadas em sensação. Organizando o financeiro, redesenhando a precificação e trazendo clareza sobre os serviços mais lucrativos, a clínica manteve o faturamento — mas passou a operar com lucro real.

Outro caso: uma clínica odontológica faturava 350 mil reais, mas o dono não sabia de onde vinha o lucro. Descobrimos que os procedimentos mais caros eram os menos rentáveis. Com ajustes, o lucro aumentou, e o retrabalho caiu.

Também atendemos uma clínica de estética estagnada em um faturamento de 200 mil reais mensais. Ajustamos comissões, corrigimos pacotes vendidos com prejuízo e trouxemos clareza. A empresa voltou a crescer.

Em todos esses casos, não houve milagre — houve influência financeira. Silenciosa, mas estratégica.

Vivemos uma era em que o conhecimento técnico não basta. O mercado exige visão, clareza e velocidade. O gestor que domina finanças e sabe comunicar valor se torna um influenciador de alto impacto. Não basta entregar relatórios — é preciso provocar mudança de comportamento e mentalidade.

E é nesse cenário que as mentorias ganham força. Elas não são motivacionais — são espaços de crescimento estratégico. Nas mentorias que conduzo com meus sócios, ajudamos empresários a destravar seus negócios com base em clareza financeira, estratégia e posicionamento.

O gestor que passa por esse processo sai mais assertivo, mais seguro e mais influente. Deixa de ser operador e se torna liderança.

Porque, no fim, clareza financeira é liberdade. A verdadeira influência nasce nos bastidores. E é lá que os negócios de verdade são construídos.

A INFLUÊNCIA DAS CONTRATAÇÕES PÚBLICAS NO DESENVOLVIMENTO DO BRASIL

JOSÉ ROBERTO TIOSSI JR.

JOSÉ ROBERTO TIOSSI JR. é empresário, palestrante e advogado formado em Direito pela PUC-PR. Mestre em Direito, é professor de cursos de pós-graduação em licitações e contratos da PUC-PR, da Católica de Santa Catarina, da Escola Mineira de Direito, da Faculdade Pólis Civitas e do UniCV. Diretor do IPDA — Instituto Paranaense de Direito Administrativo. É autor da obra *Lei 14.133/21 para Municípios: Manual de Licitação para Prefeituras e Câmaras* e participou de audiências públicas sobre o projeto de lei que deu origem à nova Lei de Licitações, além de ser fundador do Portal Licitações Municipais. Casado e pai de dois filhos, leva para milhares de pessoas a mensagem de que licitação é sinônimo de transformação e que conhecimento + integridade são pilares fundamentais para esse novo panorama das contratações públicas no âmbito da Lei 14.133/21.

Instagram **TIOSSIJR**
LinkedIn **LINKEDIN.COM/IN/TIOSSI-JUNIOR-AA343424**
Spotify **TIOSSICAST**
YouTube **TIOSSI JR – PORTAL LICITAÇÕES MUNICIPAIS**
E-mail **TIOSSIJR@LICITACOESMUNICIPAIS.COM.BR**

A CONTRATAÇÃO PÚBLICA É, ATUALMENTE, UM DOS PRINCIPAIS INStrumentos de execução das políticas públicas no Brasil. Através dela, o Estado adquire bens, contrata serviços e executa obras que impactam diretamente a vida da população. Com a entrada em vigor da Lei 14.133, de 10 de abril de 2021 — a nova Lei de Licitações e Contratos Administrativos —, abre-se um novo panorama no âmbito das contratações públicas, baseado em modernização, transparência, governança e desenvolvimento nacional sustentável.

Muito além de um regramento técnico, a Lei 14.133/21 representa uma oportunidade concreta de repensarmos o papel das compras públicas como motor do crescimento do país. Ao mesmo tempo que busca garantir a eficiência e a probidade na utilização dos recursos públicos, a nova legislação fortalece a compreensão de que cada contratação é também um vetor de geração de emprego, fomento à economia, estímulo ao mercado local e promoção de direitos sociais fundamentais, em especial para atender pessoas em situação de vulnerabilidade social.

Hoje, as compras públicas desempenham um papel significativo na economia nacional. Segundo dados do Ministério da Gestão,* essas contratações representam cerca de 12% do Produto Interno Bruto (PIB) do país. Essa porcentagem ressalta a relevância das aquisições governamentais no cenário econômico brasileiro.

Por muito tempo, o processo licitatório foi associado a escândalos, prisões e notícias negativas que dominaram as manchetes. Isso acabou construindo, no imaginário coletivo, uma percepção distorcida de que licitação é sinônimo de corrupção. O resultado foi um ambiente marcado por insegurança, desconfiança e, muitas vezes, pela paralisia na tomada de decisões pelo poder público, além de ter afastado potenciais

* BRASIL. Ministério da gestão e da inovação em serviços públicos. *O que a gestão faz por você? Moderniza as compras públicas com eficiência, tecnologia, transparência e economia*. Brasília: Gov.br, 25 jun. 2024. Disponível em: https://www.gov.br/gestao/pt-br/assuntos/noticias/2024/junho/o-que-a-gestao-faz-por-voce-moderniza-as-compras-publicas-com-eficiencia-tecnologia-transparencia-e-economia. Acesso em: 25 abr. 2025.

empresários habilitados de negociar com a máquina pública. No entanto, a licitação não é — e nunca foi — o problema.

Na verdade, trata-se de uma das mais poderosas ferramentas de execução das políticas públicas brasileiras. É por meio das contratações públicas que as ações governamentais saem do planejamento e se materializam: escolas são construídas, unidades de saúde recebem medicamentos e equipamentos, merenda chega nas escolas, tecnologias são implementadas e soluções inovadoras alcançam quem mais precisa. Acima de tudo, é preciso lembrar que licitar não é apenas cumprir uma exigência legal — é dar vida à política pública, é fazer o Estado chegar a quem precisa dele.

Licitação não pode mais ser sinônimo de corrupção. Deve ser sinônimo de transformação. É hora de superar o estigma da desconfiança sem abrir mão do rigor e da integridade, e compreender esse processo como um espaço legítimo de construção de soluções para o país.

Um contrato administrativo não é apenas uma relação entre poder público e privado: ele é, sobretudo, um instrumento de transformação social. Licitação representa esperança. Cada edital, cada contrato, cada entrega realizada com responsabilidade representam um passo rumo a um Brasil mais justo e igualitário. Licitação lida com sonhos e transforma vidas.

Não existe mais espaço para amadorismo ou fraudes. O mercado das contratações públicas demanda profissionalização, e a nova lei, aprovada há menos de cinco anos, exige técnica, planejamento, responsabilidade e, acima de tudo, integridade. A administração pública demanda comprometimento com o interesse coletivo, e isso só é possível quando homens e mulheres éticos se posicionam, assumem responsabilidades e contribuem nesse universo das contratações públicas, seja do lado da administração pública, seja representando empresas licitantes.

Quanto mais pessoas de bem estiverem envolvidas nas contratações públicas, maior será o impacto positivo sobre toda a cadeia: desde o fortalecimento da confiança social nas instituições até a melhoria direta na entrega de políticas públicas à população. A presença de profissionais íntegros inspira e atrai outros profissionais com o mesmo perfil, criando um círculo virtuoso que transformará o ambiente das contratações públicas.

Quanto mais empresários honestos e comprometidos participarem dos certames licitatórios, melhor será o resultado, com contratações públicas mais vantajosas, seja em termos econômicos ou de eficiência.

Organizar-se para participar de licitações não é apenas uma oportunidade de crescimento para os negócios — é, sobretudo, um compromisso com o desenvolvimento do país. Quando empresas sérias entram no jogo com responsabilidade, elas ajudam a afastar práticas nocivas como o sobrepreço, o superfaturamento e a corrupção. A presença de fornecedores comprometidos com a legalidade eleva o padrão das contratações, fortalece a confiança nas instituições e melhora a aplicação dos recursos públicos.

É por meio da atuação profissional e íntegra das empresas que se torna possível entregar produtos e serviços de qualidade, com prazos respeitados, logística eficiente e preços justos, dentro da realidade do mercado. Essa postura contribui diretamente para a satisfação do interesse público, promovendo soluções mais eficazes para as demandas sociais.

O caminho para um setor público mais eficiente e para uma economia mais dinâmica passa pela qualificação dos fornecedores e pelo fortalecimento de uma cultura de integridade. Ao se organizar, investir em compliance, participar de capacitações e buscar conhecimento sobre o processo licitatório, a iniciativa privada se posiciona como parceira do Estado na entrega de resultados concretos para a população.

Licitar é, sim, uma grande oportunidade de negócio. Mas é também, e principalmente, uma oportunidade de impactar positivamente a vida das pessoas. E isso exige compromisso com a legalidade, respeito ao interesse coletivo e uma atuação baseada em valores sólidos.

Pessoas da área têm como missão inspirar e influenciar mais pessoas para atuarem nesse mercado das contratações públicas. Participar desse processo é também exercer cidadania em sua forma mais concreta. O Brasil agradece.

O trabalho devolve.

A INFLUÊNCIA DIGITAL E O POSICIONAMENTO NA EXPANSÃO DE FRANQUIAS

JOSÉ RUBENS OLIVA

JOSÉ RUBENS OLIVA é empreendedor serial e especialista em marketing digital, vendas e franchising, com um forte propósito de transformar vidas através do empreendedorismo. É autor do livro *Checklist minha franquia* e host do *Guia-se Podcast*. Como CEO e cofundador da Guia-se, uma rede de franquias de agências digitais, também atua como investidor em startups. Sua experiência se estende a palestras e à docência em cursos de MBA em marketing digital. Formado em administração de empresas, possui especializações em gestão de vendas e negócios pela FGV, além de um certificado em *executive coaching*. Ex-diretor da ABF e membro da Comissão de Microfranquias, José atua no marketing digital desde 1997 e no franchising desde 2009, sempre apaixonado por inovações e automações digitais que impactam positivamente o mercado.

Instagram **ZERUBENS.OLIVA | GUIASEPODCAST | FRANQUIA_GUIASE**

TENHO ORGULHO DE DIZER QUE MINHA TRAJETÓRIA COMO CEO E cofundador da Guia-se Agências Digitais é um exemplo de resiliência e inovação no franchising. Fundei a empresa em 1997 e, em 2010, alterei a rota ao lançar a marca como uma rede de franquias de agências digitais que conta com doze selos de excelência em franchising da Associação Brasileira de Franchising (ABF). Com o sucesso da rede, fui diretor de microfranquias da ABF por dois anos e lancei o livro *Checklist minha franquia*, que está em sua segunda edição e já conta com mais de 18 mil downloads.

Em 28 anos de operação e ao superar crises econômicas e a maior pandemia do século, mantive meu foco na inovação e na adaptação, garantindo que a empresa não apenas sobrevivesse, mas também crescesse. Minha especialidade em franchising e marketing digital reflete-se no desenvolvimento de um modelo de negócios *home based*, capacitando franqueados a prosperar em um mercado dinâmico, sempre com um compromisso claro com a excelência e a transformação de vidas.

Neste capítulo, quero falar sobre um dos pontos que manteve a Guia-se crescendo ao longo dos anos: influência digital e posicionamento. Você deve estar se perguntando como esses pontos podem ajudar na expansão de franquias, certo? Vamos a algumas definições:

1. **Influência digital:** A influência digital refere-se ao poder que indivíduos, marcas ou organizações têm de afetar opiniões, decisões e comportamentos de um público por meio de plataformas on-line e mídias sociais. Essa influência é construída por meio de conteúdo relevante, interações autênticas e da capacidade de engajar pessoas em diferentes canais digitais, como redes sociais, blogs, sites etc. Influenciadores digitais, marcas ou profissionais angariam uma audiência que confia em suas recomendações e opiniões, o que os torna capazes de direcionar tendências, hábitos de consumo e comportamentos.
2. **Posicionamento:** O posicionamento é a maneira como uma marca se diferencia e se estabelece na mente dos consumidores

em relação à concorrência. Ele envolve a criação e a comunicação de uma proposta de valor clara, que destaca as características únicas da marca e os benefícios que ela oferece. O posicionamento eficaz ajuda consumidores a identificar o que a marca representa, suas qualidades e a razão para escolhê-la em detrimento de outras. Um posicionamento forte é apoiado por consistência em branding, qualidade em mensagem e experiência do cliente e deve refletir valores, missão e visão da empresa.

A influência digital e o posicionamento estratégico são fatores determinantes que definem o rumo das redes de franquias no ambiente de negócios atual. Em minha trajetória, pude perceber que a credibilidade da marca é um pilar fundamental para atrair e reter franqueados. Um reconhecimento sólido não apenas aumenta a visibilidade da franquia, mas também constrói relações de confiança com investidores e consumidores. A implementação de boas práticas de engajamento nas mídias sociais é um passo essencial. Isso envolve não apenas a interação ativa com o público, mas também o cultivo de um espaço onde franqueados e clientes se sintam ouvidos e valorizados.

E, para ajudar você a levar da teoria para a prática, selecionei algumas dicas para que você possa iniciar ou mesmo melhorar a imagem de seu negócio digital. Essas cinco dicas não apenas têm impacto direto no fortalecimento da marca e na construção de relacionamentos com os consumidores, mas também são fundamentais para a resiliência e o crescimento contínuo da rede de franquias.

1. **Reconhecimento de marca**
   IMPORTÂNCIA: Um forte reconhecimento de marca é fundamental para gerar confiança e atrair tanto clientes quanto franqueados. Quando as pessoas conhecem e confiam em uma marca, é mais provável que considerem se tornar franqueados ou clientes.
   EXECUÇÃO: Invista em branding consistente e campanhas publicitárias para aumentar a visibilidade da marca.

2. **Engajamento com o cliente**
IMPORTÂNCIA: O engajamento regular cria uma comunidade leal em torno da marca, o que não apenas ajuda na retenção de clientes, mas também na atração de novos franqueados que veem a marca como confiável e ativa.
EXECUÇÃO: Responda prontamente a comentários e mensagens, e promova interação através de enquetes e sorteios nas redes sociais.
3. **Credibilidade e confiança**
IMPORTÂNCIA: Construir credibilidade é essencial para uma marca sólida. Franqueados em potencial estarão mais inclinados a se juntar a uma rede que é respeitada no mercado.
EXECUÇÃO: Utilize em suas comunicações digitais e materiais de marketing depoimentos e estudos de caso de franqueados e clientes satisfeitos.
4. **Marketing de conteúdo**
IMPORTÂNCIA: Produzir conteúdo relevante estabelece a marca como uma autoridade no setor, educando o público e atraindo franqueados e clientes que buscam informações valiosas e soluções.
EXECUÇÃO: Crie um calendário editorial para publicar textos, vídeos e materiais úteis que atendam às necessidades de sua audiência.
5. **Inovação e adaptabilidade**
IMPORTÂNCIA: A capacidade de inovar e se adaptar rapidamente a novas tendências e mudanças no comportamento do consumidor é crucial para a sustentabilidade e o crescimento a longo prazo da franquia.
EXECUÇÃO: Realize testes A/B e esteja pronto para ajustar suas estratégias rapidamente com base em resultados e feedbacks do cliente.

Além dessas cinco dicas, acredito que produzir conteúdo relevante e de qualidade que ressoe com as necessidades e os interesses do público estabelece a franquia como uma verdadeira autoridade no setor. Isso não só educa os consumidores, mas também cria um laço emocional com a marca. Por fim, a inovação contínua é crucial para garantir que a marca se adapte e prospere em um mercado em constante transformação. Ao alavancar a influência digital e aprimorar o posicionamento, sua rede de franquias não apenas aumentará suas vendas, mas também transformará vidas, oferecendo oportunidades sólidas e duradouras que impactam positivamente a sociedade e fomentam um futuro próspero.

A INFLUÊNCIA QUE MUDA DESTINOS

JUNIOR NUNES

JUNIOR NUNES é empresário e empreendedor há mais de 25 anos. Palestrante, mentor, *podcaster* e autor do best-seller *O impossível não existe*, impactou milhares de vidas com sua história e sua metodologia.

Liderou mais de 27 mil empreendedores no Brasil, movimentando mais de meio bilhão de reais em receita bruta e conquistando faturamento superior a oito dígitos.

Casado e pai de três filhos, veio de uma origem humilde e superou adversidades com fé, disciplina e ação. Hoje, dedica-se a conduzir empresários à alta performance, ajudando-os a transformar suas habilidades em negócios sólidos, lucrativos e com propósito. Tem como filosofia de vida a frase: "O impossível é só a opinião de alguém que tentou e não conseguiu".

Instagram **JRNUNESOFICIAL**
YouTube **JUNIOR NUNES**
LinkedIn **LINKEDIN.COM/IN/JUNIORNUNESOFICIAL**

INFLUÊNCIA NÃO É TER SEGUIDORES, É ENXERGAR A DIREÇÃO CORRETA. É o que empurra para a frente quando tudo tenta puxar você para trás. É o que te desperta no meio da noite com uma ideia promissora. É o que te conecta com pessoas que parecem ter a chave da próxima fase da sua vida.

Apenas quando passei a frequentar ambientes de alto nível, como a mentoria Influência Business, percebi que o verdadeiro poder não está em quem você é agora, mas sim em quem você está se tornando por causa de quem você deixa te influenciar. Eu não precisei fazer caras e bocas nas redes sociais para que todos acreditassem em mim, precisei apenas encontrar uma voz certa utilizada no ambiente certo.

E isso mudou tudo.

Foi ao lado de nomes como Joel Jota que entendi que a influência verdadeira não dá respostas, mas exige novas perguntas. E foi aí que minha mente expandiu.

Na Polishop, liderei milhares; na JN Company, impactei centenas de empresários. Mas foi durante um jantar, ao observar alguém com uma carreira mais estabelecida do que a minha, que minha régua subiu. Um insight.

Influência é isso: o invisível que transforma o que você entrega no visível.

Hoje, anos depois daquele insight, tenho orgulho de dizer que meu método influencia líderes, pais, empresários, mentorados e até a audiência que me acompanha pelas redes. Mas tudo começou com a garra de influenciar a mim mesmo, então entenda: influência começa no espelho, antes mesmo de chegar ao palco.

Quando criei o método AMOR, eu não estava tentando ser original, estava tentando ser real, sobreviver a partir da minha verdade. Eu queria mostrar a importância da atitude, explicar por que ninguém segue alguém que sempre parece parado. Queria que meus mentorados vissem que quem lidera precisa mostrar como atravessa as tempestades, das menores às maiores. Buscava mostrar, com meu trabalho, que quem influencia, guia. Quem lidera, ensina e gera resultados, porque influência sem frutos é apenas carisma.

Ao participar de um processo de mentoria, você não vê o que um mentor está construindo em você no primeiro encontro. Mas, um dia, você toma uma decisão-chave que muda tudo e percebe: estou aqui por influência dele.

Flávio Augusto da Silva me influenciou sem saber, com o que apresentou em seus livros. Joel Jota mudou toda a minha rota profissional com o que pareceu uma simples conversa. E hoje faço o mesmo com meus mentorados, sem esquecer que tudo que ensino é fruto do aprendizado que recebi desses gigantes. Influência é isto: um legado silencioso.

Entenda que você não ensina só com palavras, educa também com atitudes, presença, firmeza, escuta ativa e padrão de qualidade elevado.

E, se chegou até aqui, peço que entenda: você está influenciando alguém, mesmo sem saber. Seja seu filho, seja sua equipe, seja alguém que te observa em silêncio...

Se você ainda se pergunta "Como isso é possível?", afirmo com convicção: influência é uma decisão diária, mesmo que não planejada. Ser influenciador é ser exemplo antes de ser autoridade; é transformar ambientes com a força da sua presença, não com o poder do seu crachá. É subir para que outros saibam que terão apoio ao tentar subir.

Você não precisa ser gigante para começar, mas precisa começar a agir como um gigante se comportaria para que o sucesso se torne um hábito.

O impossível não existe, mas a influência, essa, sim, existe — e muda tudo.

É POSSÍVEL SER ATLETA, EMPRESÁRIO E INFLUENCIADOR?

KAINAN PIRES

KAINAN PIRES é atleta profissional de judô, mentor e palestrante. Ele inspira milhares de pessoas com sua trajetória no esporte e na criação de conteúdo digital. É referência no ensino técnico de quedas para judocas iniciantes e intermediários, com uma linguagem clara e didática que já transformou o desempenho de muitos atletas. Como palestrante, leva para empresas e eventos a mentalidade, a disciplina e a liderança de um atleta de alto nível. Seu propósito é formar protagonistas — dentro e fora dos tatames — e construir pontes entre esporte, alta performance e realização pessoal.

Instagram **KAINANPIRESOFC**

CERTA VEZ, MEU PAI RESOLVEU EMPREENDER E VENDER DELICIOSOS pães caseiros. Desde pequeno, aprendi com ele a priorizar qualidade de vida para a minha família. Meu salário da época era muito baixo, então por que não aproveitar a oportunidade e gerar uma renda extra? Duas vezes por semana, comprava os pães do meu pai no Guarujá, litoral sul paulista, e levava para São Paulo para revendê-los. No início, ia de ônibus com um carrinho de feira cheio de pães e levava quatro horas para chegar ao meu destino. Juntei dinheiro e comprei uma moto para economizar o meu tempo. No Clube Pinheiros, montava uma mesa e deixava os pães à venda. Pela manhã, treinava por duas horas, ia para a república em que morava, almoçava e começava minha rotina de *day trader* por duas horas. Das dezesseis às dezenove horas, dava aula em escolas, depois voltava ao clube para treinar até às 21h30. Luta, literalmente! Tomava banho, jantava e saía para trabalhar como entregador de aplicativo até a meia-noite. Essa foi minha rotina por quatro anos! Faturamento? Quatrocentos reais por semana com os pães, 1.300 reais de salário e uns mil reais mensais como motoboy! Poucas pessoas sabem esses detalhes da minha vida, mas resolvi me abrir aqui. Hoje tenho a consciência de que através da minha história posso influenciar outras pessoas. Como assim?

Eu sou um atleta reconhecido no judô: cinco vezes campeão pan-americano, seis vezes campeão brasileiro, nove vezes campeão paulista! E mesmo assim passei um período da minha vida me equilibrando entre treinar e empreender! No Brasil, todo mundo do judô me reconhece como campeão. Mas que influência eu gerava? Nenhuma. Chegava atrasado no treino porque estava trabalhando. Lutei muito e consegui estar na corrida para os Jogos Olímpicos de Tóquio de 2020. Mas o mundo parou com a pandemia, e nesse momento tive a oportunidade de me mudar para Portugal, o que me proporcionaria também a chance de receber a nacionalidade portuguesa. Me vi obrigado a viver na Europa com uma qualidade de vida melhor e deixar minha pátria. Aceitei o passaporte com meus 22 anos, logo após me casar, e fomos para Portugal sem salário fixo, com a cara e a coragem! E foi só em Portugal que consegui entender que não é o resultado da luta que traz sucesso financeiro.

O sucesso é treinável.

Sei que a maioria dos atletas vê o esporte como uma realização pessoal e financeira, são focados em ser campeões e pensam pequeno, pois "lutam" para sobreviver e nem sequer consideram que influenciar e se posicionar são partes importantes da carreira. Muitos almejam ser contratados por algum clube, ignorando que também poderiam empreender, aliás, deveriam! A participação em campeonatos ou nos Jogos Olímpicos gera automaticamente influência, mas, se o atleta não trabalhar seu posicionamento, falhará com parte do seu trabalho. O atleta consciente da sua INFLUÊNCIA por conta da sua MENTALIDADE e sua DISCIPLINA equilibradas pode gerar resultados incríveis na sua vida e na sociedade.

Ser o melhor da sua área — atleta ou não — trará visibilidade, proporcionará influência e até pode gerar prosperidade em todas as áreas da sua vida. Visibilidade faz com que as pessoas saibam quem você é, mas a influência faz com que as pessoas tomem uma decisão com base nas suas experiências. Ao longo dos anos, compreendi que me tornar conhecido numa bolha não significa influência. Apenas quando você se posiciona, transforma-se numa marca que realmente tem influência, o mundo empresarial vai te olhar como um "vendedor". E você precisará ter respostas para perguntas como "O que eu quero vender?" e "Qual poder quero ter sobre a minha comunidade?". No meu caso, atleta judoca, a resposta é: usar a disciplina do judô no mundo empresarial e corporativo, na gestão e na liderança, além de transformar atletas em empresários, através da expansão da consciência e da transformação da mentalidade que vai gerar influência, prosperidade e vida plena.

Existem momentos da vida em que é essencial você fazer o que tem que ser feito para garantir aquilo que quer. Ponto-final, não adianta chorar. Se hoje quero ir para os Jogos Olímpicos, tenho que treinar muito e trabalhar minha influência, meu posicionamento, escrever um livro e muitas outras coisas que elevarão meu nível! Vim de uma periferia muito pobre e nunca quis voltar, pois não romantizo a pobreza! Se você quer "ganhar" na vida, tem que agir. Vá e faça. Só depende de você. É só você e sua decisão.

Experiência e conhecimento guardados são energia desperdiçada que poderia ser usada influenciando e inspirando pessoas. Um atleta que vive do esporte não pode dar desculpas para ser campeão, portanto também não pode dar desculpas para ser influente: "Eu não tenho tempo", "Eu não consigo", "Eu não posso", "Eu não tenho suporte", "Eu não tenho quem me filme". Do fundo do meu coração, não vou passar a mão na sua cabeça. O problema é seu! Você não tem culpa de onde veio, mas tem culpa da estagnação em que vive. Para ter sucesso, terá que pagar o preço e agir. Em minha trajetória, entendi que a culpa por não receber bem ao ser atleta é somente da própria pessoa! O atleta que não trabalha a sua imagem, não investe em branding, não sabe vender e não influencia, possivelmente se sentirá limitado em algum momento da vida, infeliz e até fracassado, e isso vale para qualquer profissão!

Se você leu este capítulo, se inspirou e decidiu que quer passar para o próximo nível, influenciar, criar uma imagem inspiradora e valorizada que atrai investidores e parceiros, lembre-se de que muitas vezes não será fácil, haverá quedas, mas esses momentos negativos também servem como aprendizado para você se tornar um campeão, não só no esporte, mas na VIDA!

IMAGEM COM PRESENÇA

A influência que revela quem somos

KAMILLA MOYA

KAMILLA MOYA é empreendedora na área de imagem e estilo, tendo feito a transição de carreira após 22 anos dedicados à empresa familiar. Publicitária e pós-graduada em consultoria de imagem, possui formações em Lisboa e Nova York. Atua com mulheres e homens que desejam alinhar sua imagem ao momento de vida, tanto pessoal quanto profissional. Também desenvolve projetos em empresas, levando a imagem como extensão da cultura organizacional para potencializar resultados. Casada, apaixonada pela natureza e pela espiritualidade, acredita que Deus se comunica por meio dos detalhes, especialmente através do belo. É nesse olhar atento para a beleza que encontra propósito no que faz: porque acredita que a imagem, quando alinhada à essência, é uma ponte poderosa para o autoconhecimento e revela o verdadeiro diferencial de cada pessoa.

Instagram **KAMILLAMOYA**
E-mail **CONTATO@KAMILLAMOYA.COM.BR**

HÁ UMA FORÇA SILENCIOSA QUE NOS MOVE EM DIREÇÃO AO BELO. Somos naturalmente fascinados pela natureza, pelas formas, pelas cores e pela harmonia que habita o mundo. O belo nos toca porque desperta algo essencial: o desejo de expressão. Desde sempre, o ser humano se comunica visualmente, a imagem é a nossa primeira linguagem. E, mais do que simples representação estética, ela é identidade. Todos os dias somos artistas diante do espelho e, com o que escolhemos vestir, damos forma à obra viva que expressa quem somos. A roupa não é só proteção. É tradução. É expressão da alma em movimento.

A beleza tem alma. E, quando entendemos isso, percebemos que a consultoria de imagem não é sobre aparência. É sobre essência. É saber usar a forma para revelar o conteúdo, fazer da imagem um espelho coerente do que sentimos, pensamos, acreditamos e desejamos viver.

A intenção é valorizar o que há de mais belo em nós, evidenciando que o belo não é perfeição, é naturalidade, verdade e identidade. É enxergar com clareza a nossa beleza única, sem distorções ou comparações. O estudo de imagem pessoal nos convida a reconhecer que harmonia é, muitas vezes, a repetição da nossa própria beleza. Quando essa repetição é consciente, ela ganha força, clareza e autenticidade.

Esse processo não impõe padrões, apenas revela potencial. E é justamente nessa coerência que mora a presença: quando a imagem externa reflete com delicadeza a verdade interna. Imagem não é só o que se veste, é também como se fala, se ouve, se move. A postura, o tom de voz, o modo de ocupar espaços, de olhar ou silenciar... absolutamente tudo comunica, cada gesto é uma vírgula no texto da nossa imagem.

A imagem fala o tempo todo, mesmo em silêncio. Ela entrega pistas sobre quem somos, onde queremos estar, como nos sentimos e indica até como queremos ser tratados. Comunicar-se com intenção é uma estratégia poderosa, e, quando não há clareza entre essência e imagem, há ruído. Quando há alinhamento, a confiança transborda. Em um mundo onde tudo comunica, a imagem diz antes mesmo das primeiras palavras. É ela que nos destaca na "prateleira da vida", e é através dela que nos tornamos reconhecíveis, desejáveis, lembrados. E, somente quando está firmemente conectada com a nossa verdade, nasce a influência.

"Eu acredito em livros. Acredito na força que uma boa ideia tem de reverberar quando ganha vida nas páginas impressas e digitais."

A influência começa na imagem porque ela é o primeiro convite. Pode atrair, aproximar, inspirar ou confundir. Por isso, precisa de intenção. Vestir-se com intencionalidade é alinhar comunicação e propósito. A forma como nos apresentamos é também uma maneira de liderar, de inspirar, de deixar marcas por onde passamos.

Assim surge o estilo, ele é a assinatura de quem se conhece. É o que diferencia, conecta e sustenta uma personalidade. Ao contrário do que se pensa, estilo não é seguir tendências, é ter critérios. É saber o que melhor te representa, o que comunica. Todos temos um estilo, mesmo quem acha que não. O que falta, muitas vezes, é a consciência sobre o que se está dizendo. Estilo é quando forma e significado se encontram.

O estilo se expressa por meio dos elementos visuais: linhas, formas, texturas, contrastes, volumes. Tudo transmite algo, suavidade ou força, leveza ou estrutura. Entender essa linguagem permite alinhar quem somos ao que queremos expressar. Como disse Edith Head, lendária figurinista de Hollywood: "Você pode conquistar qualquer coisa com a imagem certa". Quando há coerência entre quem se é e como se apresenta ao mundo, a imagem se torna extensão do propósito. Ela amplia presença, afeta relações, gera resultados. Mais do que ferramenta visual, a imagem passa a ser também emocional, espiritual e estratégica, parte essencial de sua marca.

Algumas manifestações visuais comunicam fluidez, acolhimento, intuição. Outras transmitem estrutura, firmeza, direção. São energias feminina e masculina que coexistem em todos nós, independentemente de gênero. A energia feminina aparece em tecidos leves, linhas orgânicas, detalhes suaves. A masculina se revela em cortes retos, volumes marcados, presença sólida. Quando equilibradas, essas energias criam uma imagem coerente.

Joel Jota propõe, em suas aulas sobre os seis níveis de influência, que a marca pessoal é um dos pilares fundamentais para o sucesso, e arrisco dizer que a imagem é parte central dessa construção. Quando ela comunica com coerência, potencializa a presença, gera confiança e cria conexão. Faz com que a mensagem, antes mesmo de ser dita, já tenha ecoado, como bem disse Will Rogers: "Você nunca tem uma segunda chance de causar uma primeira impressão".

Há um exercício de que gosto muito, é uma maneira de usar o espelho como ferramenta de reconexão. Tente praticá-lo em momentos em que a insegurança e a baixa autoestima aparecerem.

Diante do espelho, respire fundo. Olhe-se com gentileza, como quem reencontra alguém importante. Pergunte a si:

- Essa imagem me acolhe ou me afasta?
- O que há de belo em mim que eu ainda não consigo enxergar?
- Como posso expressar com mais verdade quem verdadeiramente sou?

Ser generoso diante do espelho é o primeiro passo para valorizar o que há de melhor em nós. O espelho não é um carrasco, pode ser um lugar de reconciliação. Uma personalidade só se torna forte quando está em paz com a sua autoimagem, e, quando sua imagem passa a ser um reflexo sincero da essência, ela naturalmente se torna influência.

Falar sobre imagem é, acima de tudo, falar sobre identidade. Como queremos ser percebidos, a impressão que deixamos no outro depois que saímos. A consultoria de imagem, pela minha ótica, é uma jornada de reconexão. Acredito que influência não é convencer, é delicadamente revelar, é ser tão verdadeiro na forma de se colocar que a própria presença passa a inspirar.

Uma imagem abre ou fecha portas. Aproxima ou afasta. Potencializa ou limita. Escolher com consciência o que deseja comunicar é também um ato de responsabilidade com quem você é e com quem busca se tornar. A consultoria de imagem não é vaidade, é potente ferramenta de transformação, comunicação e conexão. Ela não cria máscaras, apenas tira excessos e apara ruídos para revelar com clareza a beleza que cada um tem dentro de si. Onde há imagem com alma existe presença real.

O DESPERTAR DA POTÊNCIA

Como a influência transforma seu destino

KLEISON MELO

KLEISON MELO é formado em administração, empresário, mentor e palestrante com mais de 28 anos de atuação no varejo e na construção civil. Diretor de Comércio da Associação Comercial e Empresarial de Feira de Santana (Acefs) e defensor do associativismo, foi presidente fundador da empresa júnior ASI Jr. Já treinou mais de 10 mil pessoas em vendas e liderança, é autor do livro *Desperte sua potência* e criador do maior podcast sobre empreendedorismo da Bahia, Visão Empreendedora. Recebeu, em 2024, a Comenda Maria Quitéria, maior honraria de Feira de Santana. Ex-empresidiário, hoje lidera uma rede de joalherias que funciona sem sua presença na operação. Palestrante nato, impulsiona seu público a refletir e agir.

Instagram **KLEISON.MELO**
YouTube **PODCAST VISÃO EMPREENDEDORA**

EXISTEM MOMENTOS NA VIDA EM QUE SOMOS CONFRONTADOS COM uma verdade tão poderosa que tudo muda. Para mim, essa virada aconteceu numa simples conversa com minha parceira de vida há mais de trinta anos, minha esposa Vânia. Certa noite, sentamos para conversar e ela me fez enxergar algo que eu insistia em ignorar: eu estava ausente.

Vânia é, sem dúvida, o ser humano mais incrível que já conheci. Sua conexão com Deus é algo extraordinário. Ela tem um discernimento que me surpreende e sabe exatamente quando falar e quando silenciar. Nos casamos jovens, com apenas quinze anos, outros tempos, e sempre fomos confidentes um do outro, cultivando confiança e admiração mútuas.

Sempre fui um cara obstinado. Inclusive, considero esta a minha maior virtude: determinação. Não me considero um cara acima da média quando a questão é inteligência, mas não conheço ninguém mais determinado. Comecei a empreender cedo e, como muitos empresários, acreditava que trabalhar incansavelmente era a única forma de garantir estabilidade e um futuro próspero para minha família. Meu foco era oferecer qualidade de vida e conforto. Mas, naquela conversa, Vânia fez uma pergunta que me desarmou: "De que adianta você ganhar o mundo e perder o coração da nossa filha?".

Minha filha mais velha, Anna, ia para a escola de transporte escolar porque eu não tinha tempo de levá-la. E ali, sentado na sala, ouvindo o conselho de Vânia, percebi que estava terceirizando momentos que jamais poderiam ser recuperados.

Essa foi minha grande virada. O que minha família precisava era mais do que conforto financeiro, ansiava a minha presença. Se você reparar, esse é um dilema comum para empresários. Trabalham de sol a sol, justificando que fazem isso "pela família", mas a verdade é que os filhos não querem um presente caro no final do mês — eles querem colo, abraço, atenção, conversa e tempo de qualidade.

Depois daquela conversa, algo em mim mudou. Eu decidi que não seria escravo do meu próprio negócio. Mas sabia que, para isso, precisava de conhecimento. Comecei a estudar incansavelmente, fazendo cursos, mentorias e formações para aprender como gerenciar melhor minha empresa e minha vida.

“A influência, quando bem usada, vira chave de crescimento, escala e posicionamento para cada um desses empreendedores.”

Foi nesse processo que entendi uma verdade que transformou tudo: ninguém se liberta da operação sem três pilares fundamentais: pessoas, processos e tecnologia. Abaixo, falarei um pouco sobre cada um deles.

- **Pessoas:** Uma empresa só cresce quando há um time bem treinado e alinhado com a visão do negócio.
- **Processos:** Bem alinhados, incentivam a independência do time e fazem com que tudo funcione sem depender do líder o tempo todo.
- **Tecnologia:** Otimiza tempo, automatiza tarefas e permite que todos se concentrem no que realmente importa.

Quanto mais eu estudava, mais percebia que o problema nunca foi o tempo, mas sim a falta de um modelo de gestão eficiente. E, ao implementar essas mudanças, minha vida deu um salto. Mas minha transformação não aconteceu sem apoio, tive grandes mentores nessa jornada. Lair Ribeiro foi o primeiro que me despertou para a importância do autoconhecimento e da programação mental; depois veio Roberto Shinyashiki, que me ensinou sobre inteligência emocional, mas quando conheci Flávio Augusto da Silva minha mente se expandiu de verdade. Sua forma de pensar ressoou comigo de maneira absurda, Flávio me mostrou que o impossível só existe para quem aceita viver dentro de uma bolha limitada.

E hoje sou mentorado por Joel Jota, um cara que me desafia a cada dia a dilatar minha potência. Com ele aprendi que o sucesso não é um destino, mas um processo contínuo de evolução. “O sucesso é treinável!”

Durante todo esse processo, percebi que só existe verdadeira liberdade quando há equilíbrio. E foi aí que estabeleci quatro pilares inegociáveis:

1. **Deus:** Sem Ele, qualquer conquista se torna vazia. Ele é a nossa essência, viemos d’Ele e haveremos de voltar para Ele.
2. **Saúde:** O sucesso financeiro é inútil se você não tiver energia para desfrutar a vida. E aqui falo de saúde física, psíquica e emocional.

3. **Família:** O amor e os laços familiares são o alicerce de qualquer realização verdadeira. De que adianta "vencer na vida" e não ter com quem comemorar?
4. **Trabalho:** Com ele geramos impacto, propósito e prosperidade. O trabalho não é o fim, é o meio, por isso seja feliz no processo.

Jamais inverta essa ordem. Se o trabalho vem antes da família, algo está errado. Se a saúde vem depois do trabalho, algo precisa ser ajustado. Quando esses pilares estão alinhados, tudo flui com maior leveza.

Agora, quero te fazer um convite: feche os olhos e imagine a vida ideal.

Onde você está? Como se sente? Quem está ao seu lado? Você já conquistou aquilo que sempre sonhou?

Esse exercício não é só um jogo mental, é um teste para sua capacidade de acreditar. Tudo o que existe no mundo físico foi primeiro criado na mente de alguém. O celular que você segura, o carro que dirige, o livro que está lendo — tudo nasceu como uma ideia. Lembre-se sempre: se você consegue enxergar seu futuro, você pode criá-lo.

Desafio você a dar o primeiro passo: tire uma foto deste livro e me marque no Instagram (@kleison.melo). Quero comemorar com você, vibrar com sua evolução e acompanhar sua jornada. Vamos juntos!

Porque a verdade é uma só: o mundo está pronto para o seu sucesso, apenas esperando que você desperte sua potência!

A ARTE DA INFLUÊNCIA SILENCIOSA

Como vender ideias,
construir autoridade e liderar
sem fazer barulho

LUIS CUNHA

LUIS CUNHA cresceu em um lar empreendedor e começou a trabalhar cedo no ramo hoteleiro, seguindo o negócio da família, que viu quebrar aos vinte anos. Formado em administração e comércio exterior pela PUC-MG, empreendeu na Austrália e, já no Brasil, liderou projetos em grandes empresas como Petrobras e Ipiranga. Com passagem pelo serviço público no Banco do Brasil e no Tribunal Regional do Trabalho da 10ª Região (TRT-10), voltou ao empreendedorismo para impactar o mundo potencializando pessoas, negócios e empresas. Especialista em gestão financeira, processos e pessoas, fundou a Overall Consultoria, onde hoje é COO, e o ALL IN CLUB, onde atua como mentor. Sócio da MLS, Luis Cunha se dedica a servir outros empresários através do conhecimento, tendo liderado mais de cem projetos exitosos ao longo de sua carreira.

Instagram **LUISCCUNHA**

A INFLUÊNCIA SILENCIOSA É A ARTE DE MOLDAR ATITUDES E DECISÕES de forma sutil, sem recorrer à imposição direta nem ao excesso de exposição. Inspirada por princípios milenares e enriquecida pela sabedoria estoica, essa abordagem inspira liderança pelo exemplo e estratégia.

Liderar nos bastidores não significa se esconder, omitir ou se anular. Pelo contrário: é assumir o protagonismo de forma refinada, sustentando estruturas, cultivando cultura e conduzindo decisões com base em percepção, visão e serviço. A liderança silenciosa não é ausência de voz — é presença estratégica, mesmo que fora dos holofotes.

Para que essa influência tenha efeito real e duradouro, três elementos são fundamentais: intencionalidade, autoridade e posicionamento. A intencionalidade, quando guiada por um propósito massivo transformador; a autoridade, consolidada através de competência, empatia e ética; e o posicionamento claro, honesto e firme diante das situações da vida são a base para que sua influência opere silenciosamente, mas com eficácia. Sem esses pilares, qualquer tentativa de conduzir sem falar alto será percebida como omissão ou fragilidade, e não como estratégia.

Além disso, é essencial compreender que a influência silenciosa jamais acontece sem convencimento. As pessoas só seguem alguém, mesmo que silenciosamente, quando confiam, quando conseguem se enxergar ou se projetar naquela pessoa, quando a admiram. Esse convencimento é construído pelo exemplo contínuo, pela escuta atenta e pela coerência entre discurso e prática. É por isso que exige um trabalho interno permanente de alinhamento entre intenção, ação e percepção por parte do líder.

É necessário enfatizar que o fato de essa influência ocorrer nos bastidores não significa manipulação, dissimulação ou prática do mal. Muito pelo contrário: ela só funcionará de verdade se for voltada ao bem comum, à verdade e à autenticidade. Influenciar sem holofotes exige, acima de tudo, integridade. Quando o propósito é genuíno e direcionado ao crescimento coletivo, a influência silenciosa torna-se um instrumento poderoso de transformação, sustentado por valores sólidos e pelo compromisso com a construção de ambientes saudáveis e prósperos.

O oposto disso é a influência baseada em controle, protagonismo forçado, discursos vazios ou imposição de autoridade sem exemplo. É o tipo

Quem é mais
conhecido vale
mais do que
quem sabe mais.

de liderança que tenta dominar pelo medo, manipular pela vaidade ou convencer pelo excesso de presença — e não pela profundidade da conexão. Essas atitudes podem até gerar obediência momentânea, mas raramente viram confiança, pertencimento ou transformação verdadeira.

Em um mundo onde as redes sociais amplificam o ruído e recompensam a exposição constante, parecer invisível pode ser confundido com irrelevância. No entanto, a influência silenciosa não nega a importância de aparecer — ela apenas redefine o como. Ser notado, hoje, não significa ser escandaloso. Significa ser percebido como confiável, íntegro e indispensável. É possível construir visibilidade com elegância, presença com profundidade e autoridade com serenidade. Em vez de se expor nas redes sem cuidado, o influenciador silencioso se destaca pelo conteúdo que compartilha, pelas conexões que constrói, pelo impacto que gera e pelo respeito que conquista. Ele é visto, mas não precisa fazer tudo para se exibir. Ele é lembrado porque entrega consistência e seguido porque transmite verdade. No fim das contas, a verdadeira influência não faz barulho — ela faz diferença.

A influência silenciosa é ancorada por sabedorias atemporais que apresento a seguir, mas que não se esgotam aqui.

- **Robert Greene**, em *As 48 leis do poder*,* nos lembra que nunca se deve ofuscar o mestre e que, às vezes, render-se estrategicamente fortalece nossa posição no futuro.
- **Robert Cialdini** destaca que reciprocidade e prova social são forças sutis que influenciam sem alarde. Dar antes de pedir e mostrar que outros já confiam em você criam uma base sólida de influência.
- **Novo Testamento**, importante base da religião cristã, revela que "Quem quiser ser o primeiro deve ser o último" (Marcos 10:43-45) ao ensinar que o verdadeiro líder serve. E que "A palavra branda desvia o furor" (Provérbios 15:1-2), versículo que reforça o poder de transformar ambientes com serenidade.

* Robert Greene, *As 48 leis do poder*. Rio de Janeiro: Rocco, 2021.

A influência silenciosa é vista nas pequenas atitudes:

- Apresentar ideias de forma natural, por meio de perguntas relevantes e escuta ativa, gera aceitação autêntica e poderosa.
- Autoridade é construída com conteúdo útil e reflexivo, não com autopromoção em redes sociais desestruturadas.
- O COO deve ser um influenciador estratégico ao agir com base em dados, experiência e leitura real do negócio, apoiando o CEO com visão e deixando de lado o ego.
- Resultados falam mais que discursos, e excelência constante dispensa justificativas. Quando há entrega, há respeito.
- A mudança acontece no tempo certo. Influência silenciosa é paciente, constante e estratégica; sabe plantar e esperar florescer.
- Quem ajuda sem constantemente buscar créditos constrói autoridade verdadeira com seus pares e liderados.
- Reflexões bem provocadas muitas vezes inspiram mais do que ordens diretas.

A influência silenciosa é uma escolha ética e estratégica. Não busca atenção, mas transformação. Em vez de se exibir, entrega valor; em vez de impor, inspira. O verdadeiro influenciador deixa marcas no comportamento dos seus liderados, e não apenas na memória.

Quando o barulho cessa, a influência silenciosa permanece — moldando culturas, decisões e legados, porque o verdadeiro poder não grita nem força, mas mora na capacidade de influenciar com elegância e sutileza.

É nesse silêncio intencional que se revela a força de quem não precisa provar nada para ser respeitado. Quem influencia de verdade compreende que presença não depende de volume e que a autoridade mais admirável é aquela construída com coerência, constância e verdade.

QUANDO O NOME VIRA MARCA E A MARCA VIRA INFLUÊNCIA

MANU BARCELOS

MANU BARCELOS é especialista em harmonização facial e referência no Brasil e no exterior. Com uma marca pessoal forte, atua como clínica, mentora e palestrante, ajudando profissionais a se destacarem com autenticidade no mercado. Seu trabalho une técnica, sensibilidade e propósito — sempre guiada por sua missão de "levar amor, ser amor". Já participou de treinamentos internacionais exclusivos e é presença constante em eventos científicos da área.

Instagram **DRA.MANUBARCELOS**

VOCÊ ATÉ PODE DOMINAR TODAS AS TÉCNICAS MAIS AVANÇADAS, TER à mão o melhor equipamento e atender no consultório mais bonito da cidade, mas no final do dia o que vai diferenciar você dos outros profissionais é algo que não se vê no espelho: a sua marca pessoal. Uma marca, quando bem construída, faz de você uma referência — e possibilita a construção de um nome de grande influência.

Minha trajetória nunca se resumiu a agulhas e seringas. Quando entrei para o mundo da harmonização facial, eu sabia que precisaria de mais do que técnica para construir algo grande. No começo, tentei seguir fórmulas. Modelos de sucesso. Referências de profissionais que pareciam ter "chegado lá". Mas, quanto mais tentava me encaixar, mais distante eu me sentia da profissional que queria ser. Foi então que percebi: a influência não nasce da perfeição, mas da verdade.

A virada aconteceu quando troquei a pergunta "Como eu devo ser?" por "Quem eu sou?". Essa simples mudança foi uma virada de chave. A partir daí, parei de me esconder atrás de formalidades e comecei a mostrar quem era a Manu por trás do "dra.". E foi na união entre técnica e humanidade que a minha marca nasceu. Compreendi, ali, que a estética transforma rostos, mas é a marca pessoal que altera destinos. Marca pessoal é o que as pessoas sentem quando pensam em você. É a emoção que seu nome desperta. É o motivo pelo qual escolhem você — mesmo tendo tantas outras opções bem estabelecidas.

Construir essa influência é um processo silencioso. Não acontece com um viral ou instantaneamente, mas com consistência, coerência e coragem. Com isso em mente, fui me tornando referência, mas mantive firmes os meus valores. Em meus diálogos com o público, falei de medos, mostrei bastidores, compartilhei aprendizados. Influência é isto: quando sua verdade toca alguém a ponto de transformá-lo.

No mercado da harmonização facial, onde a confiança é o ativo mais valioso, a influência é o que separa o profissional técnico do profissional memorável. É claro que a técnica importa. Mas ela é só o começo. O que faz alguém voltar, indicar, admirar — é o que você representa. No meu consultório, percebi que o maior diferencial não era a minha mão — afinal, existem diversos profissionais capazes por aí —, era a minha presença, o que eu transmitia em meus atendimentos. A forma como eu escutava, como acolhia, como eu fazia o paciente se sentir importante. Isto sim é influência: quando a sua marca fala por você, o seu nome vira sinônimo de confiança.

Hoje, olhando para a minha trajetória profissional, entendo que a escolha de ser real e não perfeita foi uma semente de influência plantada. E ela floresceu. Tenho muito orgulho da minha jornada até aqui, então, compartilho com você algumas das lições práticas da minha caminhada:

- Influência começa com verdade. Não tente parecer alguém que não é, mesmo se espelhando em referências da área. Sempre escolha ser você.
- A marca pessoal não é estética, é essência. Vai além de identidade visual: é a coerência entre quem você é e o que você transmite.
- Seja constante. Influência se constrói com repetição e presença.
- Mostre o que ninguém mostra. O bastidor conecta mais que o palco.
- A técnica abre portas, mas a marca pessoal mantém você dentro dos espaços de relevância.

E, sempre que a dúvida bater e você precisar de uma maneira de recalibrar suas metas, lembre-se: influência não é algo visível, ela é sentida.

A INFLUÊNCIA COMO ALICERCE DO POSICIONAMENTO PROFISSIONAL

Clareza, direcionamento e autoridade na carreira

MARCELO PINHEIRO

MARCELO PINHEIRO é mentor de carreira, professor universitário e executivo com mais de 25 anos de experiência em liderança, gestão e desenvolvimento de pessoas. Atua ajudando profissionais a encontrar clareza, direção e autoridade em suas trajetórias por meio de mentorias estratégicas, programas de formação e posicionamento no mercado. É idealizador do método A.R.R.O.C.H.A., focado em reposicionamento com propósito e influência. Sua missão é inspirar pessoas a descobrir significado no que fazem e conquistar sua realização profissional.

Instagram **PORMARCELOPINHEIRO**
LinkedIn **LINKEDIN.COM/IN/PORMARCELOPINHEIRO**

"O PROBLEMA NÃO É A MEDICINA. A INSATISFAÇÃO É COMIGO."

Foi com essa frase que Maria,* médica reumatologista, me procurou. Profissional reconhecida, professora renomada e com agenda cheia, Maria sentia que estava perdida.

Ela não queria recomeçar. Queria se reencontrar. Entender quem era além do jaleco. Descobrir como poderia exercer sua profissão com mais propósito, mais presença e mais impacto. Como se tornar referência na sua área, sem virar influencer.

Hoje, menos de um ano depois, Maria é muito mais do que médica. É mentora, palestrante e figura inspiradora para outras mulheres da saúde. Sua autoridade foi construída com consistência, e sua influência nasceu da clareza de saber quem é.

Influência não é o número de seguidores nas redes sociais. É ser lembrado pelas razões certas, ocupar lugares de confiança na mente das pessoas. E isso começa com uma escolha: se posicionar com coragem.

A palavra "influência" carrega um peso que inicialmente assusta. Muitos a associam a fama ou autopromoção. Mas a verdade é que, no contexto profissional, influência é muito mais simples — e muito mais poderosa: é ser lembrado com confiança pelo que você representa.

É quando as pessoas associam você a uma solução. Quando você se torna referência no seu mercado. E isso não significa ser o melhor do mundo, apenas o melhor na mente de alguém. Ou seja, ser a primeira pessoa a ser lembrada.

Nos últimos anos, trabalhando com profissionais de diversas áreas — executivos, advogados, professores —, percebi um padrão: os que influenciam são aqueles que escolheram, de forma intencional, se posicionar com verdade. Não esperaram um título ou uma validação, decidiram ocupar o próprio lugar no mundo profissional. A influência nasce quando sua clareza interna vira reputação externa; quando sua verdade se torna visível e reconhecida. E isso não é privilégio de quem tem dom, é construção e estratégia. A seguir, apresento três pilares que considero fundamentais para um posicionamento profissional influente.

* Nome fictício, utilizado para preservar a identidade da profissional.

PILAR 1: CLAREZA
Quem você é, o que entrega e para quem

Muitos profissionais não sabem responder perguntas simples como: "Qual é sua contribuição única?".

Veja o caso de Maria. Ela sabia tratar doenças autoimunes. Mas não sabia *quem* ela era na medicina. Quando percebeu que podia ensinar e inspirar, tudo mudou. Ela se viu antes de ser vista.

Ser bom é o mínimo. Ser claro sobre quem você é torna tudo memorável.

PILAR 2: DIRECIONAMENTO
Decisões coerentes com o futuro

Direcionamento é a bússola que te ajuda a dizer "não" para oportunidades que não fazem sentido. Separa o profissional do estratégico.

Sem direção, acumulamos experiências sem construir um caminho. Com direcionamento, suas ações se alinham. Seu networking vira relacionamento. Sua narrativa ganha coerência. Você influencia porque representa uma direção.

PILAR 3: AUTORIDADE
Tornar visível o que você domina

Se ninguém conhece seu melhor, sua competência não serve de nada. Autoridade transforma valor interno em percepção externa. Autoridade não é arrogância. É generosidade ao compartilhar conhecimento.

Não basta estar visível — é preciso ser percebido com valor. Como você se apresenta e se diferencia? Como se torna referência sem precisar dizer que é?

Um profissional com autoridade é procurado naturalmente porque criou relevância percebida.

MÉTODO A.R.R.O.C.H.A.
Construindo influência com estratégia

Foi nesse contexto que desenvolvi o método **A.R.R.O.C.H.A.**, projeto com sigla provocativa, mas profundamente estratégica, que organiza as etapas essenciais para a construção de um posicionamento sólido e de uma influência profissional legítima. Acompanhe mais detalhes a seguir:

- **A:** Autoconhecimento: saber quem você é antes de mostrar o que faz.
- **R:** Reconhecimento de valor: identificar sua entrega única.
- **R:** Roteiro de carreira: construir uma trajetória com coerência.
- **O:** Organização da presença: alinhar imagem, fala e mensagem.
- **C:** Comunicação estratégica: posicionar-se com intenção.
- **H:** Habilidades de influência: desenvolver presença e escuta.
- **A:** Ação com consistência: transformar estratégia em prática.

Esse método já ajudou diversos profissionais a se reencontrar e ocupar lugares melhores no mercado. Influência não é acidente. É construção. Para ser lembrado, comece se posicionando com coragem.

UM CASE QUE REPRESENTA O IMPACTO DA INFLUÊNCIA

Ainda sobre Maria: ela tinha técnica, mas não identidade. Tinha rotina, mas não propósito. Ela me procurou buscando algo que ela mesma não sabia nomear. O que queria, no fundo, era reencontrar sua voz profissional.

Na mentoria, aplicamos o método **A.R.R.O.C.H.A.** para que Maria descobrisse seu caminho. Começando pelo autoconhecimento, Maria reconheceu seu valor único: escuta atenta e atendimento humano. Construímos um roteiro alinhado com sua essência.

Hoje, ela é referência na sua área — não porque mudou, mas porque se permitiu ser quem sempre foi. Sua influência vem de método e verdade.

INFLUÊNCIA COMEÇA COM CORAGEM

Ninguém constrói influência acidentalmente. Profissionais que inspiram escolheram se posicionar com clareza e sustentam essa escolha.

Influência não é vaidade. É legado. É o impacto que sua presença gera no mundo — mesmo quando você não está presente.

Você pode ter o melhor currículo e a agenda mais cheia. Mas, se não estiver claro quem você é e no que acredita, sua carreira ficará invisível para as melhores oportunidades.

Por isso, pergunto: até quando esperar reconhecimento, se nem você se reconhece? Até quando sua carreira será funcional, mas não significativa?

Influência começa com uma decisão. A de se posicionar com verdade.

Espero que este capítulo seja o convite que faltava para você decidir mudar.

A INFLUÊNCIA INVISÍVEL QUE DEFINE VOCÊ

MARIANA FREITAS

MARIANA FREITAS é mentora de alta performance em mentalidade, empresária e psicoterapeuta integrativa. Iniciou sua jornada empreendedora aos dezessete anos, logo após a perda de seu pai, transformando a dor em propósito. Atuou em diferentes ramos até compreender que não existe empresa próspera sem um líder fortalecido. Criadora do método Vitriah, une hipnoterapia, PNL e psicanálise para desbloquear o potencial humano. Hoje, ao lado de sua sócia, lidera a mentoria Athera Club.

Instagram **MARIANAFREITAS.MF | ATHERA.CLUB**
E-mail **MARIANAFREITAS8MF@GMAIL.COM**

HOUVE UM TEMPO EM QUE EU ACHAVA NORMAL VIVER NO AUTOMÁTICO. Aceitar ciclos de escassez, me esforçar ao máximo e ainda assim sentir que estava aquém do que poderia viver. Eu acreditava que era normal conviver com medo, insegurança, dúvida e a sensação constante de que algo me travava. Eu só não sabia que tudo isso era reflexo dos meus pensamentos. Pensamentos que não nasciam de mim, mas de programações antigas, aprendidas na infância, reforçadas por experiências que fui acumulando ao longo da vida.

A mente é a raiz de tudo que somos, fazemos e vivemos. Ainda que invisível, ela é a força mais influente na construção de nossos resultados — sejam eles grandiosos ou limitados. Antes de qualquer conquista, há um pensamento. Antes de qualquer sabotagem, também. Cada escolha, reação e padrão de comportamento nasce primeiro no campo mental, moldado por crenças, experiências e percepções acumuladas ao longo da vida.

Muitos procuram estratégias externas para resolver problemas internos. Buscam performance, resultados e reconhecimento, mas ignoram o ponto de origem: a mentalidade. A mente não apenas influencia, ela define. O mundo em que vivemos externamente é um espelho do que está registrado dentro de nós.

A mente pode fazer você acreditar que não é suficiente, que não merece, que não vai conseguir — quando, na verdade, é justamente o contrário. A mente não mostra as coisas como são, mas o que você está condicionado a enxergar. E, quando esse condicionamento está enraizado em medo, escassez ou insegurança, você se enxerga menor do que realmente é.

A mente também influencia a forma como você vê a vida, interpreta os desafios, se posiciona diante das oportunidades, lida com os relacionamentos e enxerga a si mesmo. E o mais importante: ela define o que você acredita ser capaz de alcançar.

Se sua mente não permite, seu corpo não age. Se seu inconsciente não acredita, sua energia não se sustenta. Se sua crença limita, seu comportamento obedece. A mente não é um detalhe: ela é o centro nervoso do seu destino.

“O mundo não precisa de mais gurus inalcançáveis, exemplos de perfeição e do impossível, mas de exemplos reais que inspiram pela proximidade com quem de fato leva essa vida.”

Por fora, você pode parecer forte, capaz, cheio de metas e energizado com propósito, mas por dentro, se sua mente ainda carrega arquivos de dúvida, rejeição ou culpa, os comandos não são executados com plenitude. E aí você se cobra, se frustra, se esconde... tudo sem entender que o que está travado não é você, é a versão mental que você está usando.

Por isso, a verdadeira alta performance não começa na ação. Começa na convicção. Não basta saber o que fazer, é preciso acreditar profundamente que se pode fazer. Não basta ter um plano, é preciso ter uma mente que sustente esse plano.

Durante muito tempo, eu também procurei respostas do lado de fora. Mas, por mais que me esforçasse, havia algo que continuava me travando. E esse "algo" estava dentro da minha própria mente. Tudo mudou quando escolhi olhar para dentro com profundidade — e coragem. Ao acessar memórias, curar feridas e transformar crenças que me limitavam, experimentei uma liberdade que não vinha das dinâmicas do mundo externo, mas do meu realinhamento interno.

Essa virada mudou minha vida — e mais do que isso: me deu a convicção de que essa transformação é possível para qualquer pessoa disposta a reescrever sua história. O que antes era uma busca pessoal se transformou em um chamado. Como mentora de alta performance, hipnoterapeuta e praticante de PNL, hoje aplico esses mesmos princípios no desenvolvimento de outras pessoas que, assim como eu, sentiam que estavam vivendo abaixo do próprio potencial.

Vi, na prática, pessoas destravarem a autoconfiança, romperem ciclos de escassez, encontrarem clareza sobre a própria missão e acessarem resultados que antes pareciam distantes. Quando a mente está em equilíbrio, o corpo age com leveza, a energia flui na direção correta e a vida começa a se reorganizar.

Nos negócios, isso é ainda mais evidente. A mente empreendedora saudável toma decisões, sustenta o risco, se comunica com verdade, se posiciona com visão. Já a mente ferida evita exposição, paralisa no medo, procrastina e se sabota no exato momento da virada.

Em todos os aspectos da vida, essa clareza é poder. Quando você tem clareza do que sente, do que quer, do que acredita — e do que precisa deixar de acreditar —, o caminho se torna possível. O impossível geralmente é uma ilusão gerada por uma mente em desequilíbrio.

A mentalidade é a ponte entre o invisível e o visível. Entre o sonho e a realização. Não existe construção sustentável sem alinhamento interno. Quando a mente está conectada à essência, o corpo age com foco, o coração vibra em coragem e os resultados acontecem com propósito, e não apenas com esforço.

A influência da mente é tamanha que, mesmo sem perceber, você já está sendo guiado por ela. O que você precisa descobrir é qual versão da sua mente é a sua guia: a que limita ou a que liberta? A que esconde ou a que revela?

Este capítulo é mais do que um texto. Pense nele como um espelho. É um convite para que você pare, respire e comece a se perguntar: "O que eu tenho acreditado a meu respeito que está me impedindo de viver o meu melhor? O que minha mente precisa soltar, para que a minha verdade possa florescer?".

Toda mudança começa com consciência. Toda transformação começa na mente.

Aqueles que ousam transformar a própria mente são os mesmos que mudam seu destino, porque, quando a mente se expande, ela nunca mais volta ao estado anterior — e a vida, então, deixa de ser sobrevivência e passa a ser pura criação.

ADVOCACIA INFLUENTE

A arte de convencer, redigir e conduzir negócios com autoridade

MARYANNA PEREIRA DA SILVA

MARYANNA PEREIRA DA SILVA é advogada empresarial com mais de dez anos de experiência, especialista em contratos, negociações e estratégias preventivas. Atua orientando empresas, startups e empreendedores na estruturação jurídica de negócios, redigindo cláusulas com propósito, minimizando riscos e transmitindo segurança em operações estratégicas. Autora de livros jurídicos e palestrante, Maryanna é reconhecida por sua abordagem personalizada, linguagem clara, atuação firme e elegante no mercado empresarial.

Instagram **MARYANNADV**

A INFLUÊNCIA NA ADVOCACIA VAI MUITO ALÉM DO DISCURSO ELOquente ou da postura firme. Ela se manifesta na escuta ativa, na redação precisa, na forma como conduzimos negociações e até mesmo na maneira como ocupamos os espaços — sejam digitais ou presenciais. Em tempos em que o excesso de informação dispersa a atenção, influenciar tornou-se uma habilidade silenciosa e estratégica.

O ADVOGADO ESTRATÉGICO
Da persuasão ética à condução de decisões

A prática da advocacia, especialmente na seara consultiva, exige muito mais do que conhecimento técnico. Demanda sensibilidade para conduzir decisões sem imposição, usando a escuta, a postura e a linguagem como formas de orientar os melhores caminhos. Advogados influentes não apenas resolvem problemas, mas evitam conflitos, protegem negócios e transformam incertezas em segurança.

Influenciar, nesse contexto, é fazer com que o cliente compreenda o valor da prevenção, enxergue riscos ainda invisíveis e aceite soluções que, muitas vezes, desconhecia. É exercer a autoridade sem arrogância, utilizando a confiança como ponte para adesão.

A REDAÇÃO QUE INDUZ COMPORTAMENTOS
Cláusulas como estratégia de influência

Poucos percebem que a influência também se manifesta na escrita. Um contrato bem estruturado não é apenas um conjunto de obrigações; é um instrumento que antecipa comportamentos e evita litígios. A escolha de palavras, a ordem das cláusulas, o tom da linguagem e até mesmo a ênfase em determinadas condições influenciam diretamente a postura das partes.

Cláusulas de penalidade bem redigidas, por exemplo, transmitem seriedade. Condições claras geram previsibilidade. Quando um contrato comunica segurança e coerência, ele já exerce sua primeira função: fazer com que as partes cumpram o que foi acordado — não por medo, mas por compreensão.

A PRESENÇA QUE INFLUENCIA
Postura, imagem e comunicação não verbal

A influência não está apenas nas palavras proferidas, mas no que se comunica para além delas. A postura profissional, a entonação, o olhar, a forma de se vestir e até os momentos de silêncio intencional compõem o capital simbólico do advogado.

Nesse contexto, a imagem é uma ferramenta de comunicação. É mais do que vaidade, é presença estratégica. O advogado que domina sua imagem — com elegância, firmeza e autenticidade — transmite confiança antes mesmo de falar. O capital erótico,* entendido aqui como beleza e apresentação pessoal, também é um vetor de influência quando utilizado com sutileza e propósito.

A ADVOCACIA DE IMPACTO
Influência que transforma negócios e evita conflitos

A advocacia atual exige um novo olhar: menos reativo, mais proativo. O advogado influente é aquele que atua como peça-chave nas tomadas de decisão empresariais. Ele estrutura operações, antecipa riscos, promove soluções que economizam tempo, dinheiro e reputação. Essa influência

* Termo cunhado por Catherine Hakim no livro *Capital erótico: pessoas atraentes são mais bem-sucedidas. A ciência garante.* Rio de Janeiro: BestSeller, 2012.

não é agressiva, mas estratégica, de impacto — que protege, orienta e conduz, mesmo quando parece estar apenas nos bastidores. Construída com ética, consistência e comprometimento com as necessidades do cliente.

INFLUÊNCIA DIGITAL E AUTORIDADE PÚBLICA
A advocacia que educa e conecta

Em um cenário onde a presença digital é inevitável, a maneira como o advogado se comunica nas redes sociais também exerce influência. Criar conteúdo educativo, gravar vídeos esclarecedores, participar de lives e webinários são formas de gerar autoridade e conexão.

A atuação on-line, quando feita com ética e coerência com os preceitos da OAB, amplia o alcance do conhecimento jurídico e aproxima o advogado da sociedade — seja em seu perfil pessoal ou profissional. Mais do que atrair clientes, trata-se de conscientizar, informar e posicionar-se como referência confiável em meio ao excesso de informação superficial.

Ao utilizar a influência digital para promover a educação jurídica e apoiar causas sociais, o advogado passa a ser agente de transformação no espaço público — o que fortalece sua credibilidade e gera impacto além do campo jurídico.

A ADVOCACIA COMO PONTE ENTRE TÉCNICA E INFLUÊNCIA

Ser influente, no exercício da advocacia, é mais do que convencer: é conduzir. É unir técnica, linguagem, postura e presença em prol de soluções sólidas, éticas e duradouras. A autoridade não está no volume da voz, mas na precisão do olhar. O advogado influente domina a sala, orienta com firmeza tranquila, palavras precisas e uma reputação construída com consistência.

Na era da exposição constante, a influência se revela de forma sutil e deixa marcas duradouras.

A INFLUÊNCIA QUE TRANSFORMA O JOGO

Quando o empresário deixa de ser obstáculo e se torna movimento

MOISÉS RAMOS

MOISÉS RAMOS é professor, empresário, escritor best-seller e referência nacional em marketing, vendas e gestão estratégica. CEO da Âncora X Comunicação e sócio do Instituto Êxito de Empreendedorismo, já ensinou mais de 40 mil empresários a dobrar seus faturamentos com métodos práticos e visão de resultados. É idealizador do PBXP, maior evento de negócios das regiões Norte-Nordeste, e fundador do Lion's Society Club Premium, parte da MLS (Mentoring League Society), maior liga de mentorias da América Latina.

Instagram **MOISESRAMOS.ME**
LinkedIn **LINKEDIN.COM/IN/MOISESRAMOSME**

O MAIOR CONCORRENTE DA SUA EMPRESA TALVEZ NÃO ESTEJA NO mercado, muitas vezes ele pode estar mais perto do que imagina: dentro de você. Essa frase me atravessou anos atrás, no meio de uma decisão que poderia mudar o rumo do meu negócio — e da minha vida.

Influência não começa quando alguém te escuta, e sim quando você se ouve de verdade. Quando silencia o barulho do medo, das comparações e da zona de conforto e decide se mover com clareza, coragem e consciência. A influência, para mim, é o reflexo de posicionamento com propósito.

Durante anos, tentei crescer copiando estratégias de terceiros, seguindo fórmulas prontas, buscando referências externas. Até que compreendi: nenhuma fórmula funciona quando a essência está ausente. O mercado reconhece quem sabe quem é. E foi exatamente nessa mudança de atitude que minha trajetória se transformou.

Descobri que o marketing sem identidade vira ruído, que a venda sem propósito vira pressão e que a gestão sem clareza é simples confusão. Tudo isso porque o elemento principal estava fora de lugar: o empresário. Empresário que não se posiciona, se esconde. E quem se esconde, perde o poder de influenciar. O profissional sem coerência em suas atitudes transforma uma esteira de produtos em pontencial em um cemitério de ideias não consumadas.

Na jornada de construir meu negócio, precisei tomar decisões difíceis. Encerrar ciclos. Recusar propostas que pareciam financeiramente vantajosas, mas que feriam meus valores. Sei que muitas vezes parece difícil abrir mão do fácil para abraçar o certo, mas muito da influência é isto: ter coragem de escolher com verdade.

Lembro de um cliente que atendi numa fase de muita dor. Sua empresa estava à beira da falência, e tudo o que ele queria era uma solução rápida. Logo entendi que ele precisava mesmo era se reconectar com a razão pela qual começou aquele negócio. E influência também é isso: profundidade. A partir do momento em que ele retomou a sua essência, reposicionou sua mensagem, reestruturou a esteira e enxergou onde estava a falha, voltou a crescer. E mais do que isso: voltou a influenciar o próprio time, os clientes e o mercado local como fazia antigamente.

Hoje, lidero mentorias com empresários que carregam as mesmas dores que eu vivi: medo de exposição, dificuldade em comunicar valor, esteiras de produtos incoerentes, times desalinhados, lucros baixos... Só depois de entender que todos esses problemas têm uma raiz comum, a ausência de um posicionamento influente, é que consegui mudar e ter sucesso. E hoje posso ajudar outros com as mesmas dificuldades.

A verdadeira influência não é ter muitos seguidores em redes sociais, é ter clareza sobre quem você é, o que entrega e por que isso importa. É construir uma mensagem que se conecta com o coração do cliente, entender que o seu conteúdo, a sua fala e a sua entrega precisam carregar a sua verdadeira essência.

O sucesso do seu negócio passa por você. E o seu crescimento também para quando você estagna. Não há ferramenta, equipe ou lançamento que compense a ausência do seu comprometimento com a própria evolução. E, por mais doloroso que ainda seja admitir, em muitos momentos fui eu o teto do meu negócio. O gargalo. A trava. O peso. E foi só quando compreendi isso que comecei a crescer de forma consistente, a agir com estrutura, método, coragem.

Aprendi que crescimento exige algumas rupturas dolorosas: romper com o medo de ser julgado, com o hábito de adiar, com o padrão de comparar os bastidores da sua empresa com o palco dos outros.

Hoje, minha influência não é medida por likes, mas sim por resultados. Conto empresas que ajudei a escalar, empresários que voltaram a acreditar em si mesmos. Contabilizo decisões que escolhi sustentar mesmo quando tudo e todos diziam para eu desistir. Influência não é um fim, é um caminho que começa com posicionamento, se fortalece com consistência e se consolida com entrega. Porque, no fim, são apenas pessoas que seguem pessoas e só são influenciadas por aqueles em quem confiam.

Você quer ser influente? Então pare de esperar a validação dos outros e comece a construir a sua própria referência. Porque o único concorrente real é aquele que te encara no espelho: você. Quando você entende isso, tudo muda. O marketing deixa de ser uma obrigação e vira estratégia. A venda deixa de ser forçada e vira consequência. A gestão deixa de ser pesada e vira direção. E todo trabalho vira uma jornada de transformação para você e para quem te acompanha.

Influência é impacto, é verdade e presença, mas, acima de tudo, é se tornar, todos os dias, a melhor versão de si mesmo para que sua empresa cresça, prospere e influencie o mundo do jeito certo.

DA SOMBRA AO VOO

OTÁVIO DE OLIVEIRA

OTÁVIO DE OLIVEIRA é empreendedor, mentor de sucessores, comunicador, escritor e especialista em construção de legados familiares e liberdade profissional. Fundador do Grand Legacy Club, criador do método LIVRE e coapresentador do *A Dupla Podcast*, dedica-se a temas como identidade, liderança, fé e independência emocional. Atuou por duas décadas no setor automotivo e liderou negócios na área de alimentos. Sua trajetória é marcada por superação, autoconhecimento e reposicionamento estratégico. Com base em espiritualidade e inteligência emocional, inspira empresários e herdeiros a viver com propósito.

Instagram **OTAVIODEOLIVEIRA84**
YouTube **A DUPLA PODCAST**

FOI QUANDO CONHECI MINHA MÃE BIOLÓGICA QUE COMPREENDI MINHA origem. Essa revelação não me deu apenas respostas, me deu identidade e propósito, o que, para um sucessor, é tudo. A partir daquele momento, eu parei de tentar me encaixar no molde da herança familiar que me cabia e comecei a esculpir o meu próprio legado.

Meu maior dilema não era a falta de oportunidades, mas sim o excesso de caminhos prontos. Estar na empresa da família me dava segurança, ao mesmo tempo que me tirava o senso de propósito.

E talvez essa seja a armadilha mais sutil para um herdeiro: parecer no controle, mas sentir-se preso ao plano de outra pessoa. Mesmo que essa pessoa seja seu pai.

Me lembro de, nessa época, me olhar no espelho e perguntar: "Se esse negócio deixasse de existir hoje... quem eu seria?". A resposta doía. Porque eu não sabia.

O dia em que decidi empreender foi como pular do ninho. Ali, deixei de ser protegido e comecei a ser responsável. Troquei o conforto pela dúvida, os conselhos prontos pelas perguntas ainda sem resposta. Eu já não tinha um sobrenome que abria portas — precisava construir minhas próprias chaves.

Descobri que o tempo é precioso demais para ser gasto alimentando um sonho que não é seu. Comecei a errar — e acertar — com o meu próprio negócio. E foi nesse processo que percebi algo fundamental: "O problema nunca foi o que me ensinaram. Mas como me ensinaram".

Aprendi na prática, com cada cliente perdido e cada negociação travada, que empreender vai muito além de um plano de negócios. Empreender está ligado a amadurecer, a se olhar no espelho e reconhecer que você está ali não por nome, mas por mérito próprio.

Herdei do meu pai não apenas o sangue, mas também o olhar apurado para os negócios. Desde pequeno, ouvi ele dizer: "Quem não controla os números perde o controle da empresa".

Mas, entre escutar e entender, existe um abismo. No início, eu achava que bastava imitar o que ele fazia. Só depois percebi que o maior respeito que se pode ter por um legado é criar um novo caminho para si a partir daquele recebido. Houve um dia em que tudo travou. Um negócio que parecia promissor virou prejuízo. Liguei para ele. Esperei ouvir um sonoro "eu avisei", mas ouvi algo muito mais poderoso: "O fracasso também é uma herança, se você souber o que fazer com ele". Foi nesse dia que entendi: meu pai não me queria como um clone dele, queria um filho que tivesse coragem de ser inteiro.

Foi apenas quando estava distante da sombra da empresa da família que passei a ver com clareza: meu pai sempre teve razão em seus conselhos e caminhos. Mas eu precisei chegar até aqui na minha própria trajetória para entender isso. Precisei sair para poder voltar mais forte. Validei resultados por mim mesmo. Enfrentei o mercado com meu próprio nome e criei minha forma de fazer acontecer. Deixar a empresa da família não foi fácil. Teve dor. Teve conflito. Teve silêncio. Mas também teve recomeço. Cada noite em claro me fortaleceu. Cada crítica virou combustível. Cada decisão errada se tornou uma página virada com aprendizado.

Foi vivendo isso que entendi o poder de orientar outros sucessores. Na minha mentoria, já vi herdeiros saírem da paralisia e se tornarem CEOs do próprio destino. Houve alguns casos marcantes, por exemplo, o de um mentorado que era sufocado pela expectativa da mãe. Hoje, ele fundou um negócio digital que conversa com sua geração — e ainda ajuda a empresa da família a se modernizar. Em outro caso, uma mentorada não sabia nem se queria continuar empreendendo. Em seis meses, ela reposicionou sua imagem, atraiu investidores e voltou a sorrir com o que faz. Eles não romperam com o passado. Eles o ressignificaram. E é isso que desejo a quem lê este capítulo.

Através da minha mentoria para sucessores, transformo dúvidas em decisões, medo em visão e cargos herdados em projetos com propósito. Porque ser sucessor não significa apenas continuar uma história, mas reescrever um capítulo com sua própria letra, utilizando sua própria voz. Ensino que cada sucessor é uma semente de legado, mas só floresce quem planta fora da sombra. Você não precisa negar sua origem. Só precisa encontrar seu próprio caminho.

Não se trata de ser contra o que veio antes. Trata-se de ser fiel ao que você nasceu para construir depois. Se você também sente que chegou a hora de voar com suas próprias asas, saiba que vai doer, vai dar medo, mas vai valer a pena cada centímetro de altitude conquistada.

A INFLUÊNCIA DOS FATOS

POLLYANA FANTINI
MIRANDA SIQUEIRA

POLLYANA FANTINI MIRANDA SIQUEIRA é professora, bióloga formada pela UFMG, especialista em engenharia ambiental integrada e em oratória com programação neurolinguística. Referência nacional em aprovação em medicina, é cofundadora e especialista do BIOATP — uma das maiores e mais respeitadas plataformas de tecnologia e ensino à distância da disciplina de biologia no Brasil. Atua desde 2007 no ensino pré-vestibular, com passagens por colégios que lideraram o ranking nacional do Enem por seis anos consecutivos.

Autora de materiais didáticos voltados a Enem, Cefet, Coltec e vestibulares com questões abertas, tem como marca registrada a capacidade de transformar temas complexos em aulas envolventes, pautadas em storytelling e performance de palco. Palestrante reconhecida por sua atuação em grandes eventos como os ciclos de formação sobre os Eixos Cognitivos do Enem no Minas Centro, é também uma das principais vozes em preparação estratégica de alto rendimento.

Sua trajetória une conteúdo sólido, didática excepcional e paixão pela transformação de vidas por meio da educação.

Instagram **CURSOBIOATP** | **POLLYANAFANTINI**
YouTube **BIOATP**

FATO 1

Eu tinha dez anos e estávamos em casa, num bairro de Belo Horizonte. Um homem entrou, apontou uma arma para a minha cabeça e pediu para minha amiga levantar a saia. A única coisa que eu escutava era minha amiga dizendo: "Por favor, não, senhor", repetidamente.

De repente, o som de uma sirene se aproximava. O lote no fim do quarteirão estava pegando fogo, e os bombeiros estavam chegando. Assustado, o homem fugiu.

Foi o primeiro grande acontecimento que me transformou, e após aquele dia eu já não era a mesma. Esse fato iniciou uma sequência de influências na minha vida.

FATO 2

Meses depois, voltei a brincar fora do apartamento. Estava com uma menininha de apenas seis anos que apontou para algo atrás de mim e disse: "Olha lá!".

Olhei para trás e vi um homem com a calça abaixada. No auge dos meus dez anos, corri com Isabele no colo e avisei o pai dela, que conseguiu alcançar o homem. Nunca soube o que fizeram com ele, também nunca perguntei. Esse fato revelou uma Pollyana proativa, ágil e assertiva em momentos de tensão. O legado disso foi a coragem ratificada pelo fato 3.

FATO 3

Nos mudamos para Vespasiano, cidade na região metropolitana de BH. Numa noite de chuva, eu, meus pais e meu irmão assistíamos à novela quando ouvimos batidas fortes na porta: *Tum tum tum... tum tum*. Meu irmão e minha mãe subiram as escadas apavorados. Meu pai saiu pela porta da cozinha para surpreender o possível invasor. Sem que ele percebesse, peguei uma faca e fui protegê-lo. Lá fora, descobrimos que o barulho vinha de um guarda-chuva girando preso à porta. Não sei o que teria feito se a ameaça fosse real, mas entendi que, em situações de luta ou fuga, eu escolheria lutar. Até que aconteceu o fato 4.

FATO 4

Este me traz mais raiva. Aos quinze anos, me interessei por teatro. Surgiu um curso gratuito no Palácio das Artes de Belo Horizonte. Como a fila estava grande, ainda demorariam a abrir os portões e o sol estava forte, minha mãe teve a ideia de distribuir senhas para que pudéssemos ir para a sombra das árvores da praça sem perder o lugar. O organizador, sem entender, começou a gritar com ela na frente de todos. Quanto mais ele avançava para cima dela, apontando o dedo em seu rosto, mais alto gritava. E eu, que parecia tão corajosa, paralisei. Não fiz nada. Logo por ELA.

Como pode eu, depois de três grandes fatos, fraquejar para proteger MINHA MÃE? Tamanha raiva e frustração influenciaram uma decisão que tomei ali: nunca faria teatro.

FATO 5

Aos dezesseis, fiz um trabalho sobre o sistema cardiovascular. Com um coração de boi, mostrei os átrios, ventrículos e válvulas. Uma maquete ilustrava o sangue venoso e arterial. A professora adorou e me pediu para repetir em outras turmas. Fui muito elogiada, me encantei. O vestibular se aproximava e, ainda imatura, decidi fazer medicina para ser cardiologista. Tudo indicava que essa seria minha escolha de vida. Até que veio o fato 6.

FATO 6

No pré-vestibular, na aula de um professor, notei algo incrível: duzentos alunos — jovens adultos insanos — em absoluto silêncio. Eu, tocada profundamente por aquela cena, virei para minha amiga: "Como esse homem calmo prende a atenção de todos por cinquenta minutos, simplesmente com sua fala e seu microfone?".

E ela respondeu: "Polly, é isso que você tem que fazer".

Esse, sim, foi o fato que influenciou os próximos vinte anos da minha vida, a minha profissão. Naquele mesmo ano fui aprovada em ciências biológicas na UFMG, licenciatura. Objetivo claro: ser professora de pré-vestibular.

Quero conquistar a atenção pela arte da minha comunicação.

Esse sempre foi o meu foco: ensinar encantando.

FATO 7

Logo no terceiro período da faculdade, virei monitora no maior pré-vestibular de BH, onde, dois meses depois da contratação, o coordenador perguntou se eu teria coragem de substituir um professor de imediato. Não sabia qual sala, nem qual matéria. Mas entendi que a pergunta não tinha nada a ver com o conteúdo, mas sim com coragem. Os fatos 2 e 3 me mostraram que tenho coragem. Já o fato 4 me ensinou o custo da inoperância. E, por fim, o fato 6 me apresentou o meu propósito profissional: ser professora em grandes salas de pré-vestibular. A influência dos fatos me empurrou para um único caminho: aos dezenove anos, despreparada, disse "sim" para o que seria a minha primeira aula.

Quando o coordenador me levou até a porta da sala, eu logo percebi: era exatamente a mesma sala em que o professor Geraldo me dera aula anos atrás. Era a mesma sala onde decidi minha profissão. Subi no mesmo tablado. Usei o mesmo microfone. Minha primeira aula foi onde tudo começou.

Pouco depois, fui contratada como professora e logo era uma das protagonistas dos maiores aulões de Enem de BH em salas de teatro para quase duas mil pessoas. Sim, subi num grande palco sem fazer teatro. E repeti por quatro anos consecutivos. Imaginei ter alcançado meu auge profissional até que um fato de grande influência no mundo aconteceu: a pandemia.

FATO 8

O mundo on-line virou obrigação. Eu, que mal sabia abrir uma chamada de vídeo, comecei a gravar aulas e mais aulas.

Você deve estar pensando "Tá, e qual é a influência do fato 8 na sua vida?". Explico: Juntei-me a outros gigantes, Ângelo, Nylton e Daniel (e preciso dizer que este último é meu esposo, parceiro e o melhor pai que poderia escolher para minhas filhas), e criamos o BioATP, principal plataforma on-line de ensino de biologia para Enem e vestibulares. Hoje é referência nacional em aprovação em medicina, fazendo parte do ecossistema que está entre os top 50 da Hotmart em todo o Brasil.

Definitivamente, fui além dos palcos de um teatro.

FATO 9

Durante a escrita deste capítulo, percebi: os fatos futuros não serão acaso — eles se apoiam nos já vividos. A grande sacada é ter clareza desses fatos, pois nos permite algo raro: o poder da previsibilidade. Talvez eu já saiba qual será o fato 10... mesmo antes que aconteça. Afinal, o que realmente influencia são os fatos.

A INFLUÊNCIA DO EXEMPLO

RAFAEL CIVELLI

RAFAEL CIVELLI é uma das principais referências do mercado imobiliário de médio e alto padrão em Campinas. Com mais de R$ 1,6 bilhão em vendas, trilhou uma jornada exemplar — iniciando como corretor, passando a gerente e chegando a diretor de vendas de uma das maiores incorporadoras do país. Essa vivência o preparou para fundar a Zero19 Imóveis, que em poucos anos se consolidou como um dos nomes mais respeitados e inovadores do setor.

Palestrante e mentor de grandes talentos, lidera com uma visão estratégica que une processos, cultura e alta performance. Rafael é movido por propósito, disciplina e execução e acredita que influência verdadeira nasce da coerência entre discurso e prática. Sua missão é clara: transformar o mercado imobiliário pelo exemplo, inspirando pessoas a alcançar o extraordinário com profissionalismo, visão e atitude.

Instagram **CIVELLIRAFAEL**
LinkedIn **LINKEDIN.COM/IN/RAFAEL-CIVELLI-256486A5**

QUANDO COMECEI NO MERCADO IMOBILIÁRIO, EM 2011, MEU ÚNICO objetivo era ganhar dinheiro rápido. Até chegar a essa profissão, eu havia tentado muitas outras, todas abandonadas em pouco tempo porque eu me deixava influenciar de forma errada.

Meu início na Cyrela foi um divisor de águas. Pela primeira vez vivi a competição pura, o desejo de vencer, de ser o primeiro, o melhor, o maior vendedor. Só havia uma maneira de fazer acontecer: mirar na pessoa que mais tinha resultados na empresa e modelar o trabalho dela. Naquele momento, me parecia algo simples. Minha leitura foi algo como "ele chega cedo e vai embora tarde, trabalha o tempo todo e não desperdiça energia com o que não move o ponteiro". Sua principal atividade era a prospecção, e ele tinha muita influência na cidade.

O que eu precisava fazer era aplicar maior intensidade do que ele. Mesmo sem a mesma experiência, entendi que minha dedicação poderia distorcer o fator tempo. Então passei a trabalhar quinze horas por dia, sete dias por semana. Fiz isso por anos, até me tornar a pessoa que eu almejava ser — o melhor, o cara que ganhou tudo.

Em 2014, quando fui o corretor campeão da maior empresa de capital aberto do setor imobiliário no Brasil, percebi algo que me desestabilizou: me faltava propósito. Entendi que não era mais por dinheiro que eu estava ali, e sim por algo muito maior — ajudar pessoas a mudar de vida. A partir daí, enxerguei claramente a influência que eu exercia sobre quem trabalhava próximo a mim. Mas também percebi algo inquietante: a maioria das pessoas não estava disposta a pagar o preço das quinze horas por dia, sete dias por semana. E, naquele momento, decidi tornar-me um atalho para as vendas.

A verdade é que os corretores não têm volume de clientes suficiente para praticar presencialmente durante a semana. Isso significa que, ao terem poucas oportunidades reais de negociação, acabam perdendo vendas por falta de treinamento.

Foi nesse ponto que entendi: eu precisava dedicar menos tempo à prospecção de clientes e mais tempo ao treinamento desses jovens corretores. Ensinei-os a prospectar com eficiência e garanti que os atendimentos presenciais fossem realizados por mim. Isso me manteve intenso na

“O mercado mudou,
e o consumidor de hoje
quer ver a cara do dono,
quer sentir verdade,
conexão, propósito.”

minha zona de talento, potencializou meus ganhos e trouxe ainda mais visibilidade ao meu trabalho, já que era eu quem fechava os negócios.

Curiosamente, quem se aproximava de mim via sua vida mudar rapidamente. Comprava carro novo, vestia-se melhor, fazia viagens. E eu sempre influenciei essas pessoas a elevar seus padrões. Quanto mais isso acontecia, mais motivados eles ficavam, mais eu atendia novos clientes, e mais minha taxa de conversão disparava.

Em 2014, fui pioneiro ao montar um estande de vendas no Shopping Dom Pedro, em Campinas. O sucesso foi estrondoso: vendemos 44 apartamentos em quinze dias.

Foi aí que percebi que precisava liderar um time para alcançar resultados ainda maiores. Acionei a diretoria e me candidatei a uma vaga de gerente. Fui recusado no início, mas redobrei meus esforços e alcancei resultados ainda mais expressivos. Quando a vaga surgiu, em julho de 2015, fui escolhido para comandar uma das praças com o pior desempenho nacional. Em seis meses, levamos essa unidade à segunda colocação no ranking da empresa.

Como gerente, entendi que não bastava contar com um RH contratando simples autônomos em busca de uma nova oportunidade e mudança de área. Era preciso contar histórias de sucesso para atrair novos talentos e inspirá-los pela liderança. Hoje, vejo muitos assumirem cargos de liderança sem terem vivido intensamente os degraus iniciais da profissão. Não têm a "visão de rua" que todo corretor precisa. Querem liderar sem ter feito dez vendas em um lançamento, sem saber o que é atender seis clientes simultaneamente, sem sequer dominar a ligação fria para agendar uma visita. E eu sabia fazer tudo isso.

Sempre digo que minha profissão é corretor de imóveis. Atualmente, *estou* dono de imobiliária — como já estive gerente e estive diretor. As pessoas precisam se inspirar no que você conquistou, percorreu, errou. E essa influência apenas se constrói com vivência real.

Vivemos sob influência de terceiros o tempo todo. Influenciamos e somos influenciáveis. Te desafio a abrir agora seu celular, olhar quem você segue e se perguntar: "Você gostaria que sua filha se casasse com uma dessas pessoas?" ou "Você gostaria de ter a vida que elas mostram nas redes?".

Se você restringir sua atenção a quem vive a vida que você deseja, essas pessoas se tornarão seus influenciadores. Agora, se você passa horas consumindo conteúdos fúteis, em breve será o próximo fútil da turma.

Me considero um influenciador de pessoas — não porque tenho o maior número de seguidores, mas porque tenho filhos que precisam de exemplo, funcionários que querem ser líderes, sócios, amigos e colegas de mercado que se inspiram nos meus resultados, na minha cultura e no que venho criando ao longo do tempo.

Posicionamento bem calibrado libera destino. Quanto antes você entender que será influência para alguns e influenciado por outros, mais estratégico e intencional será seu caminho. A ignorância pode ser uma bênção, pois permite o erro com direito a desculpas, mas, a partir do momento em que se adquire conhecimento, perde-se o direito de errar. Vira sua obrigação evoluir — e ajudar outros a evoluir também.

Diante disso, reforço, caro leitor: se você é bom em algo, provavelmente ali está sua zona de talento. Pessoas se inspiram em você, mesmo que não perceba. Agora, com essa leitura, você passa a ter consciência de que sempre haverá alguém em seu encalço precisando ser guiado pela sua experiência, e alguém à sua frente com quem você poderá aprender mais para alcançar lugares aonde ainda não chegou — e talvez nem saiba que existam.

Mantenha um viés elevado de referência, assim nunca ficará na zona de conforto. Você estará sempre na zona de crescimento — que é se mover do ponto A para o ponto B.

A INFLUÊNCIA DE UMA XÍCARA DE CAFÉ

ROBERT KAFÉ

ROBERT KAFÉ é empresário, mentor e apaixonado por café. Técnico Agrícola pelo IFMG Bambuí, começou a empreender aos nove anos, vendendo picolé. Com doze, já trabalhava com café — paixão que virou propósito. Criou a Kafé Itinerante, cafeteria para eventos que cresceu de R$ 90 mil em 2022 para R$ 1,1 milhão em 2024, atendendo mais de mil eventos pelo Brasil. Superou os desafios da CLT, construiu um negócio sólido e hoje ensina outros a fazer o mesmo. Casado com Marineide Costa, segue movendo vidas, uma xícara de café por vez.

Instagram **ROBERTKAFE**
LinkedIn **LINKEDIN.COM/IN/ROBERT-KAFÉ**

DESDE OS TEMPOS EM QUE EU VENDIA PICOLÉ NAS RUAS DE CAMPOS Altos, no interior de Minas Gerais, até os dias de hoje, conduzindo experiências com a minha cafeteria itinerante, sempre percebi uma coisa: o café é mais do que uma simples bebida, é um agente silencioso de influência. Tem o poder de transformar rotinas, quebrar o gelo em reuniões, selar acordos, reconciliar famílias e até iniciar histórias de amor. Imagine quantas grandes ideias surgem após um "vamos tomar um café?". O café não grita, não exige, mas, quando chega, muda totalmente o ambiente. Ele não só aproxima pessoas e abre conversas, como também gera decisões que antes estavam em suspenso.

Neste capítulo, quero te mostrar como uma simples xícara pode conter mais do que apenas uma bebida: pode conter propósito, poder, conexões — e o trabalho de um produtor que teve a audácia de arriscar e fazer acontecer.

O Brasil é conhecido como o país do futebol, do Carnaval... e do café. Mesmo que hoje possa ser considerado símbolo nacional, é importante lembrar que o fruto não nasceu aqui. Ele foi trazido para o Brasil em 1727, pelas mãos de um soldado chamado Francisco de Melo Palheta, natural do Pará. Rapidamente, a planta se espalhou pelas terras brasileiras e se adaptou muito bem em diversas regiões.

A partir do século XIX, o café deixou de ser um simples produto agrícola e se tornou motor da economia brasileira, impulsionando a construção de ferrovias, portos e até mesmo cidades inteiras. Lembre-se de que São Paulo, hoje a maior economia do país, tem grande parte de sua fortuna fundada na economia cafeeira.

Hoje, o Brasil é o maior produtor e exportador mundial da bebida. Estima-se que, a cada dez xícaras servidas no mundo, quatro são de grãos brasileiros. Mas a influência do café vai além: movimenta milhões de empregos diretos e indiretos, impactando a vida de pequenos produtores, baristas, empreendedores, especialistas em torra, exportadores e, claro, consumidores.

Em meio a esse cenário grandioso, existem diversos selos e torras especiais, mas quero citar um que tem o meu coração — e tenho certeza que terá o seu também quando o conhecer: o Cerrado Mineiro, a primeira

“O livro foi, sem dúvida, um dos grandes marcos da minha vida empreendedora — e, desde então, eu nunca mais subestimei o poder da palavra.”

região brasileira a conquistar o selo de Denominação de Origem (D.O.), certificação que garante que os cafés produzidos ali têm origem controlada, rastreável e alta qualidade reconhecida. Esse tipo de ação valoriza o grão, o produtor e quem o consome.

Citar o Cerrado Mineiro é falar da minha origem, é reconhecer que o Brasil de sucesso muitas vezes nasce no campo. Tenho orgulho de dizer que é dessa terra, desses grãos e dessas histórias que eu venho. Também procuro sempre contar como o café foi o ponto de virada da minha vida, pois me ensinou o valor da dedicação.

Comecei minha jornada empresarial aos nove anos, vendendo picolé. Mas foi no café que encontrei o meu propósito. Hoje percebo que os longos anos de trabalho, com cada pé de café plantado, cada grão colhido, secado, torrado — e, hoje, servindo cafés com a minha cafeteria itinerante —, foram o que me moldou. Não apenas como profissional, mas como empresário e futuro mentor.

Tenho contato com a produção de café desde os doze anos, quando plantei o primeiro pé em uma chácara dos meus avós. Isso gerou uma verdadeira revolução na nossa família: no ano seguinte, meus pais decidiram também plantar o fruto. Esse gesto nos uniu ainda mais e nos ensinou a dar valor ao rendimento criado a partir do trabalho familiar.

Desses tempos tenho várias histórias, mas uma delas é especial e vou contar brevemente, porque mostra como a resiliência e a superação são importantes nessa minha trajetória. Decidi estudar sobre fermentação de café na internet. Vi uma técnica com fungo do arroz e decidi testar. Coloquei o arroz para fermentar em uma mata, extraí os fungos, misturei ao café recém-colhido e deixei fermentando por alguns dias. Depois sequei, torrei e preparei para consumo. O resultado? Claro que foi um desastre!

Mas ali nasceu uma grande lição que carrego até hoje: a resiliência é o que transforma um curioso em especialista. Eu poderia ter desistido, mas aquilo me incentivou a buscar mais sobre o mundo dos cafés especiais. Foi nessa busca por especialização que conheci a Associação Brasileira de Cafés Especiais (BSCA, da sigla em inglês), um verdadeiro farol para quem deseja se aprofundar nesse universo. Hoje entendo que aquela fermentação malfeita foi um dos primeiros e mais importantes passos na minha jornada rumo à excelência.

Foi nesse momento que comecei a entender que o café tem um papel poderoso. Ele aproxima, acolhe, conecta — e cria oportunidades. Hoje, há quatro anos na minha jornada com uma cafeteria itinerante e já tendo atendido mais de mil eventos com essa experiência única, posso afirmar que o café é um agente de influência discreto. Ele muda o clima, aquece conversas, inspira e, muitas vezes, sela contratos. Seja em eventos corporativos, casamentos ou confraternizações, ele se torna um ponto estratégico — um lugar onde as melhores ideias surgem. Mais do que isso: um café bem trabalhado em eventos se transforma numa ferramenta de posicionamento de marca, transmitindo sofisticação, inovação e aumentando a percepção de valor da empresa.

Segundo dados da EventMB, 92% dos organizadores de eventos acreditam que a experiência do participante é o fator mais importante para o sucesso de um evento. E quando essa experiência é sensorial — envolvendo sabor e aroma —, o engajamento com a marca pode aumentar até 70%. Quando servido com excelência, o café se torna um ativo estratégico, potencializando tudo à sua volta.

O café é mais do que bebida. É influência, cultura, experiência. E, mesmo com toda a sua histórica trajetória, ainda tem muito a crescer no Brasil. Ele continua sendo uma das maiores ferramentas de conexão e transformação que temos. A jornada de todo café começa na terra, mas é em nossas mãos que ele realmente ganha vida.

Que este capítulo tenha servido como um convite para você enxergar o potencial de uma xícara — e tudo que pode florescer a partir dela.

A INFLUÊNCIA QUE TRANSFORMA

Seja a liderança que a sua empresa precisa

RODRIGO BARBOSA

RODRIGO BARBOSA é mentor de carreira, palestrante e referência em liderança no mundo corporativo. Ajuda profissionais sênior, líderes e empresários a conquistar crescimento real — de carreira, de negócios e de impacto. Com uma trajetória marcada por resultados exponenciais e ascensão executiva, hoje tem como missão fazer diferença em carreiras e negócios através do desenvolvimento profissional, para quem deseja liderar com mais propósito, agir com maior protagonismo e entregar performance de alto nível. Dedica sua jornada a acelerar pessoas que carregam potencial, mas precisam de direção e estratégias. Atua com líderes, executivos e empresários, ajudando-os a se tornar a versão que suas empresas e suas histórias precisam.

Instagram **RODRIGOBARBOSAIG**
LinkedIn **LINKEDIN.COM/IN/RODRIGOBARBOSAF**

DE 0 A 10, O QUANTO VOCÊ TEM SIDO A LIDERANÇA QUE A SUA EMPRESA precisa?

Nos primeiros anos da minha carreira, eu acreditava que competência e experiência eram suficientes. Entregava resultado, batia metas, fazia mais do que pediam. Mas, mesmo com tudo isso, algo parecia faltar. Foi só mais tarde que entendi que resultado sem influência é esforço invisível — e nada previsível.

Liderar não é convencer, é se conectar com o outro. É inspirar pessoas a agir — não porque você mandou, mas porque elas sabem que aquilo que você orientou precisa ser feito. E esse é o verdadeiro poder de quem lidera com propósito, protagonismo e performance.

Minha trajetória, assim como a sua, foi feita de decisões difíceis. Troquei estabilidade por desafios mais interessantes, escolhi caminhos íngremes quando o mais fácil seria seguir no conforto. Decidi abrir mão da minha carreira como o executivo mais jovem em uma multinacional para abrir minha empresa de educação e cumprir a minha missão: fazer a diferença na vida, na carreira e nos negócios de outras pessoas ao incentivar o desenvolvimento profissional.

Mas essa escolha foi além de uma busca por status, foi o resultado de entender que o único concorrente real no mercado sou eu mesmo. Essa consciência moldou todas as minhas ações a partir daí. Cada passo, cada projeto, cada conversa; porque compreendi que quem define o limite do meu crescimento sou eu. E talvez o seu também seja você.

Muitos estão ocupados demais para pensar, cansados demais para delegar e perdidos demais para crescer, mas o crescimento do seu time ou negócio nunca será maior do que o seu próprio crescimento.

SE VOCÊ PARA, A EQUIPE PARA COM VOCÊ

Autoliderança, no fim das contas, é o que define a velocidade do crescimento — e dos resultados — da equipe. Acredite: não basta saber, é preciso fazer, e fazer com impacto real. Ser visto, lembrado, ouvido e, principalmente, sentido.

A boa liderança é a que transforma uma ideia em movimento, uma equipe comum em um time engajado, um negócio qualquer em uma marca reconhecida. Líderes e empresários que entendem essa dinâmica constroem não apenas empresas lucrativas, mas legados poderosos.

E aqui entra uma das maiores conquistas da minha trajetória: formar novos líderes. Nenhum prêmio, promoção ou reconhecimento externo se compara à sensação de ver alguém que você treinou, incentivou e confiou assumindo posições de destaque, entregando com autonomia e servindo com o coração. Isso, para mim, é a maior validação de uma liderança bem exercida.

Gosto de pensar que existem três tipos de liderança: a que entrega, a que inspira e a que transforma. A que entrega é comum, que vemos em praticamente todos os lugares; a que inspira é admirável, mas a que transforma... essa muda culturas, muda empresas, muda vidas.

Você gostaria de ser liderado por você mesmo? Se o "não" veio fácil, talvez exista algo na sua conduta que precise ser ajustado. Mas a melhor parte é esta: se tornar essa liderança que transforma é uma decisão que está nas suas mãos.

Pense a liderança como uma ponte entre o que você sabe e o quanto as pessoas acreditam em você. Entre o que você faz quando está presente e quanto isso reverbera quando está ausente. É isso que separa líderes comuns de líderes memoráveis.

Mesmo com toda essa visão, existe um erro que muitos líderes e empresários cometem — e poucos admitem: contratar e desenvolver pessoas tentando encontrar versões melhoradas de si mesmos. Querem que o time pense, reaja e tome decisões do mesmo jeito que eles. Mas pense: se toda a equipe fosse igual a você, quem estaria vendo o que você não vê?

Liderar não é criar clones, é construir times com pontos de vista que se complementam, se desafiam e se expandem. Quando você só valoriza quem é parecido, não está formando um time, está montando um espelho coletivo. E o espelho não traz crescimento — só reflexo das partes boas e ruins do que já existe. E aqui vai outra verdade: você não decide ser exemplo — você já está sendo um. A pergunta que você deve fazer é: "Qual exemplo tenho sido para a minha equipe?".

LIDERANÇA EXIGE ESCUTA
Não é só ouvir — é saber o que perguntar

Uma vez, em uma reunião com um time em crise, fiz apenas três perguntas:

- "O que está tirando o foco de vocês hoje?"
- "O que vocês gostariam que eu soubesse?"
- "O que eu posso fazer para ser um líder melhor para vocês?"

Silêncio no início. Depois, uma abertura. Em seguida, soluções.

O que falta na maioria das equipes não é orçamento, ferramentas ou recursos — são espaços seguros para conversar de verdade. Por isso, gosto de uma vez por mês sentar individualmente com meu time para fazer três perguntas:

- "Como você está?"
- "Como eu posso te ajudar?"
- "Onde preciso melhorar?"

Liderar não é apenas função de certos cargos, é um comportamento. E você precisa ser a liderança de que a sua empresa precisa. Não a imagem que o mercado impõe, nem a figura mítica que os livros vendem, mas aquela que o seu negócio exige para dar o próximo passo.

Porque, no fim, a sua equipe não quer apenas um líder competente. Ela quer alguém que mostre o caminho quando tudo parece escuro. Que aguente o tranco e ache alternativas viáveis quando o plano falha. Que saiba direcionar, desenvolver e servir. E não se engane: os maiores inimigos do crescimento são internos: ego e ponto cego.

O antídoto? Mente aberta, ambientes certos e pessoas que te desafiem.

Seja a solução para a sua posição, faça as pessoas do time conseguirem fazer isso também e não espere o ambiente ideal para performar.

Torne-se o líder que o ambiente necessita para evoluir, seja a liderança de que a empresa precisa, que a equipe valoriza e a sua família admira.

O jogo muda quando você para de tentar ser o melhor do mercado e começa a ser o melhor para as pessoas que dependem e precisam de você.

Seja a influência que transforma.

POSICIONAMENTO QUE GERA PRESENÇA

TALYTA MORGANA

TALYTA MORGANA é empresária, palestrante, mentora de posicionamento e estrategista de marketing. Com duas formações, Engenharia Química e Marketing, trocou a carreira tradicional pela liberdade de empreender no digital e hoje atua com mentorias e consultorias na área do marketing. Já impactou mais de 2 mil alunos, ajudando empreendedores a se posicionar com autoridade. Executora nata, valoriza a ambiência, preza pelo crescimento constante e transforma ideias em ação. Seus pilares são liberdade, verdade, conexão e família — valores que aplica a tudo o que constrói.

POR MUITO TEMPO, EU ACHAVA QUE POSICIONAMENTO ERA SÓ FAZER um post bonito em uma rede social relevante. Mas quando eu entendi, de verdade, o que ele significa, meu jogo virou.

Posicionamento é a forma como o mundo te enxerga. É a imagem que você projeta, mesmo quando está em silêncio. É o lugar que você ocupa na mente das pessoas antes mesmo de começar a falar.

Durante muito tempo, eu me posicionei como a "menininha do marketing". Eu não entendia por que não conseguia cobrar mais caro dos meus clientes, por que meus lançamentos não enchiam, por que me pediam descontos mirabolantes... Eu via outras pessoas crescendo e me perguntava: "O que elas têm que eu não tenho?".

A resposta era dolorida, mas bem simples: posicionamento. E, antes mesmo de entender completamente o conceito, eu senti o impacto da influência nesse mundo.

O ano era 2023. Domingo à noite, já pronta para dormir, recebo a notificação: "Geração de Valor está ao vivo". Era uma live com Flávio Augusto da Silva, Caio Carneiro e Joel Jota. Eu já estava deitada na cama, de pijama, com o celular na mão, mas entrei.

Sem nenhuma pretensão, aperto "solicitar para participar". E, pasmem: minutos depois, a mensagem "Você entrará ao vivo em 3... 2... 1..." aparece em minha tela.

Só deu tempo de levantar a cabeça do travesseiro. A boca secou, as mãos tremeram... E lá estava eu, de pijama, ao vivo para mais de 7 mil pessoas, com três dos nomes mais influentes do Brasil.

Naquele momento, eu entendi na pele e no susto o que significa posicionamento espontâneo. A sua imagem fala antes da sua voz. Seu tom. Sua postura. Suas palavras. A forma como você se porta quando ninguém está esperando nada diz muito de você e do que você carrega.

Naquele momento, eu não tive tempo de me preparar, de escolher o melhor cenário, de me vestir adequadamente e muito menos de ensaiar um roteiro ou formular perguntas... E agora? Como causar uma boa primeira impressão?

Para construir um posicionamento sólido e duradouro, você precisa ser autêntico e viver o que fala. Não basta criar um personagem.

“A influência é só
o começo. Quando ela vem
acompanhada de autoridade,
posicionamento claro e
uma comunicação persuasiva,
tudo muda.”

Fui autêntica. Mostrei vulnerabilidade. Fiz boas perguntas. Demonstrei segurança. Questionei sobre autoridade, escala e sociedade. E, assim, passamos vinte minutos ao vivo com pessoas de todo o Brasil assistindo.

Saí daquela live com a cabeça fervendo, sem acreditar. A agenda lotada. Aplicando, em tempo recorde, os conselhos que recebi.

Esteja preparada para as oportunidades. Você não sabe quando elas batem na porta! Já pensou se eu perco essa por não saber como me posicionar com presença?

Um ano depois, quis agradecer pessoalmente. Fui à imersão da Trinca. Comprei o ingresso VIP. Cheguei cedo, sentei na frente. Quando peguei o microfone e fui me apresentar, escutei de um deles: “Eu lembro de você, Talitex. Te puxamos em uma live ano passado”.

Em choque! Eles lembravam de mim. Por quê? Porque meu posicionamento chamou a atenção.

Posicionamento não é acumular seguidores. É calibrar percepção. É repetir, com coerência, aquilo que você quer que o mundo associe a você. E eu decidi me posicionar como mentora, estrategista e empresária.

Entrei na mentoria Influência Business com Joel Jota e mergulhei nesse mundo. Mudei o meu ambiente, refinei minha mensagem. Entendi que não bastava ser boa. Precisava mostrar isso ao mundo — e de forma intencional.

Mostrei que andava com grandes nomes, que investia alto, que crescia de verdade, que estava em podcasts, palestras e mentorias. Assim, as pessoas começaram a me enxergar com outros olhos e, o mais importante: começaram a me pagar o que eu realmente valia.

Seu posicionamento é definido pelas decisões que você toma, pelo ambiente em que você se coloca e pela forma como você se comunica.

Na mentoria, fui incentivada a cobrar seis vezes mais por algo que eu já fazia. Só quem está num ambiente de influência entende o poder de alguém olhar nos seus olhos e dizer: “Você vale mais”.

E o mais louco: *eu cobrei*, e para a minha surpresa, *recebi*. A influência externa me deu coragem. Meu posicionamento interno aguentou firme e me deu estrutura.

Hoje, me posiciono como a influenciadora da minha própria marca. Como mulher que constrói com verdade, estratégia e identidade. E ajudo outras mulheres a fazer o mesmo — crescer com direção, clareza e autoridade.

Posicionamento é método. É percepção de valor. É o alinhamento entre o que você fala, o que você entrega e como se apresenta. É saber definir e defender sua promessa de transformação. Você pode estar se perguntando "Tá, mas qual é a fórmula?". Abaixo, elenco cinco passos essenciais:

- Defina seu diferencial.
- Refine sua comunicação.
- Escolha onde você quer ser vista — e como.
- Repita com intenção.
- Seja coerente, competente e autêntica. Sempre.

Dando seguimento, pare por um momento e reflita:

- Como você é vista hoje?
- Que lugar você ocupa na mente do seu público?

Analise com cuidado essas duas perguntas. Talvez você esteja ocupando uma posição que não condiz com quem realmente é. E sabe por quê? Porque quem não se posiciona é posicionado.

A boa notícia é que isso muda a partir de uma escolha. De uma decisão firme. De uma presença construída com consciência. E, se você chegou até aqui, tenho certeza de que está no caminho certo para a mudança. Você pode ser reconhecida. Você pode, sim, ser bem paga. Você pode, sim, construir um império. Mas, primeiro, você precisa se posicionar como tal.

Porque sucesso é uma escolha. E o posicionamento certo coloca você no lugar certo.

VOZES QUE FICAM

TAMIRES BISERRA CHAVES

TAMIRES BISERRA CHAVES começou no RH. Foram doze anos lapidando pessoas, comportamento e liderança. Nesse caminho, viu muita competência sendo ignorada, pessoas incríveis ficando para trás. A virada veio quando percebeu que no digital a lógica muda: você não precisa de um "sim". Você precisa de uma estratégia. Você não espera ser escolhido. Você se posiciona e vende. Criou o Método Audivaz, que nasceu de uma inquietação: por que pessoas com tanto potencial continuam invisíveis? Foi assim que desenvolveu um método que transforma o que é real em referência e mais vendas. É movida por disciplina. Treina musculação e natação porque sabe: corpo forte sustenta mente firme. Sua missão é transformar empresários invisíveis no digital em autoridades que vendem mais com a estratégia de conteúdo certa.

Instagram **TAMIRESBCHAVES**
LinkedIn **LINKEDIN.COM/IN/TAMIRESBCHAVES**

NO PAÍS ONDE SE CONSOME MAIS VÍDEO DO QUE ARROZ COM FEIJÃO, a tela virou confidente, conselheira, vitrine e palco. O brasileiro não navega, ele vive no digital. *Scroll* infinito, vídeos cada vez mais curtos, dancinhas coreografadas, carrosséis de imagens infinitos, likes, comentários, alcance... Por trás de tanta performance, cresce o vazio.

Muito conteúdo, pouca transformação. O sistema se viciou em fórmulas, e o algoritmo, esperto, passou a premiar quem entrega o que mais se parece com nada. Enquanto isso, marcas reais, pessoas com potência e empresários com histórico sólido ficam apagados, invisíveis em meio ao barulho. A maioria compartilha o que mandam, faz o que está na moda. Muitos gastam tempo, energia e dinheiro com uma presença digital que atrai, mas não converte. Falam de tudo, mas não dizem nada. São ouvidos, mas não lembrados.

Foi nesse terreno árido que um novo tipo de presença começou a brotar. Silenciosa. Estratégica. Intencional. Não é uma tendência. É um movimento. Uma nova espécie de estrategista. Profissionais que não falam alto, falam certo. Que sabem que a influência verdadeira não se mede em viralizações, mas em decisões positivas geradas. Seus conteúdos já não imploram atenção — conquistam respeito.

Pessoas que estudaram, observaram e se adaptaram. Pessoas que percebem que o brasileiro se conecta quando a informação encontra a emoção e ambas são apresentadas com estética elevada. Mas que também compreendem que estética sozinha não sustenta legado, que emoção sem verdade cansa e informação sem direção se perde.

Foi assim que começaram a surgir conteúdos que não só performam, permanecem. Conteúdos com alma. Clareza. Estratégia. Postagens que não buscam viralizar, mas demarcar uma posição. Palavras que não querem apenas ganhar likes, mas mover decisões. Esses estrategistas se tornaram a ponte sólida entre o físico e o digital. Entre a potência adormecida e o destaque sempre desejado, mas nunca visto. Entre o medo de se expor e a coragem de se posicionar. Profissionais que não falam de conteúdo, tratam exclusivamente de legado.

E o sistema começou a responder. Empresários, antes cansados de tentar o que todos faziam, começaram a enxergar um novo caminho.

Deixam de postar por obrigação, param de se esconder no medo e assumem uma voz fiel ao que fazem e ao que são. Mais do que isso: entendem que autoridade se constrói não com promessas, mas com posicionamento, consistência e coragem.

Eles entenderam que vender é importante, mas ser lembrado é vital. Porque o que convence é o pitch, mas o que converte é a percepção de valor. Essa nova influência não grita para ser notada, ela penetra silenciosamente e constrói autoridade em silêncio até se tornar impossível de ignorar.

Hoje, não se trata mais de estar presente, e sim de ser inesquecível. De ocupar o digital como uma extensão do real e transformar conteúdo em presença. Fazer da presença um posicionamento e do posicionamento um lucro. O objetivo é deixar de ser mais uma voz passageira para se tornar referência permanente.

Imagine um empreendedor que construiu tudo com as próprias mãos. Tem equipe, faturamento, respeito no mundo off-line. Mas no on-line... é como se não existisse. Posta com vergonha, fala sem direção. Sabe que tem valor, mas não sabe como mostrá-lo ao mundo. Ele não precisa de um designer, precisa de clareza. No digital, não basta ser bom, é preciso ser percebido como tal. O conteúdo certo é como um espelho limpo: mostra quem você é, amplifica o que você representa, traduz o que você entrega. Não basta inventar uma persona, é necessário deixar que o mercado finalmente te enxergue. Essa é a influência que fica. A que educa sem cansar. Que vende sem forçar. Que inspira sem parecer estar constantemente em um palco.

No meio de tantos feeds iguais, surgem aqueles que escolheram um caminho diferente: o da clareza, da estratégia, da verdade com lucro. Esses são os que estão mudando o sistema. Não com fórmulas rasas, mas com visão de negócio, estrutura emocional e autoridade intencional. Porque a nova autoridade não depende apenas de performance, ela nasce e se estabelece a partir da coerência entre o que se vive e o que se comunica. E permanece, porque é impossível não confiar em quem se posiciona com verdade.

A percepção de valor é o novo poder. E por trás desse novo ciclo estão estrategistas de conteúdo, profissionais com visão de futuro que não apenas entenderam completamente o jogo, mas agora estão reescrevendo as regras.

Agora, imagine-se em uma sala escura onde dezenas de vozes falam ao mesmo tempo. Gritam, sussurram, fazem piadas, repetem frases de efeito. Algumas são engraçadas, outras barulhentas. A maioria esquecível. Mas, posicionada no canto da sala, uma única voz se destaca das demais. Baixa. Firme. Nítida. Ela não tenta ser a mais alta, diz apenas o que precisa ser dito. Com verdade. Com intenção. E algo mágico acontece. As outras vozes se calam. Não porque foram silenciadas à força, mas porque perderam o sentido diante daquela fala com propósito. Naquele momento, todos ouvem, abrem espaço para a relevância.

Essa voz não é a que mais aparece. É a que permanece. A que fica.

E se o seu atual conteúdo não estiver apenas te sabotando, mas te mantendo invisível para quem mais importa?

A INFLUÊNCIA DE SER QUEM VOCÊ É!

THALITA ZANIN

THALITA ZANIN é mentora, empresária, esposa e mãe de dois meninos lindos, foi atleta profissional até os dezoito anos, quando decidiu seguir carreira internacional como dançarina, tendo passado por quatro países. Após seu retorno ao Brasil, passou por cinco transições de carreira que a levaram a aprender, se especializar e transformar sua jornada em conhecimentos práticos, que hoje transmite de forma leve e intencional às pessoas que buscam ter clareza e alta performance. Mentora de carreira na empresa Athera Club, Thalita apoia empresários em sua jornada, trabalhando os pilares desenvolvidos por ela e sua sócia: ação, mente e ambiente, pois, como elas ressaltam, "A mente cria, a ação realiza e o ambiente sincroniza!".

Instagram **THALITAZANIN | ATHERA.CLUB**

QUANTAS VEZES VOCÊ SE CONSIDEROU INSUFICIENTE? ACREDITO QUE muitas. Comigo ainda acontece. Buscamos nos aprimorar em diversas áreas, aprendemos línguas, conhecemos pessoas, mas esquecemos de nós e da influência de ser quem somos.

Esse insight me veio em um treinamento presencial com nosso queridíssimo Joel Jota, que por acaso reuniu vários de seus mentorados para compartilhar experiências neste livro. Entre tantos assuntos que eu poderia falar, escolhi este, pois, como disse, o insight para todo o capítulo veio do próprio Joel.

Estávamos aprendendo com Joel o poder da influência quando ele simplesmente vendeu mais de 10 milhões de reais ao vivo na nossa frente em três ligações. A confiança dele, seu poder de influência sobre os outros, a didática aplicável e todo o processo me deixaram extasiada... Foi simplesmente incrível, mas logo veio a dúvida sobre nossa confiança, e uma pessoa que também assistia comentou após o grande feito:

"Ah, mas você é o Joel Jota..."

A plateia se calou, concordando com a afirmação feita, e de repente a energia do ambiente mudou: uma tristeza tomou conta da audiência! Quem antes estava eufórico por ter visto algo tão incrível rapidamente percebeu esse sentimento se transformar em uma tristeza que chamava à realidade: "Será que também consigo?".

O que se passou depois foi a fala mais simples e brilhante que Joel poderia trazer para nós. Uma verdade tão absoluta que em segundos foi absorvida e fez com que todos os presentes recuperassem as esperanças. Joel olhou nos olhos da pessoa e, de maneira firme mas arrebatadora, respondeu:

"Você é o Joel na vida de alguém."

Talvez lendo isso você não tenha a real dimensão do que essa simples frase causou, e foi exatamente por isso que decidi escrever este capítulo sobre ela. Nós, de fato, não temos a menor ideia do impacto que causamos na vida das pessoas apenas sendo quem somos! Nós ignoramos o poder de sermos nós mesmos, e isso é muito grave.

Fui embora daquela imersão com um misto de saber quem eu sou e de mesmo assim não ter noção do impacto que causo. Isso geralmente acontece porque esperamos grandes momentos de autorrealização para nos valorizarmos, mas será que só nesses momentos provocamos transformações em outras pessoas? Eu tenho 42 anos e acumulo cinco transições de carreira.

Ser mentora de pessoas que passam pelo processo de transição ou reposicionamento me permite compartilhar a minha experiência, fazer com que muitas pessoas já não sintam tantos dos meus temores nem sofram minhas doses diárias de autossabotagem ao achar que, por não terem encontrado a profissão certa na primeira tentativa, estão fadadas ao fracasso.

Assim como Joel, comecei minha vida profissional como atleta. Fui ginasta até os dezoito anos e depois me tornei dançarina profissional, quando trabalhei por cinco anos em quatro países diferentes. Fui empresária, tive quatro franquias, me tornei treinadora de vendas com formação em PNL e, no pós-pandemia, virei apresentadora de TV. Cinco transições e uma busca: encontrar o que realmente me motiva.

Foi quando tudo fez sentido para mim... Todas as profissões que passei foram peças de um quebra-cabeça complexo da vida, mas que agora eu estava pronta para montar. Entendi que toda a minha experiência vivida estava me levando para onde eu sempre quis estar, ajudando pessoas a serem quem elas realmente são. Hoje, como mentora, consigo olhar para trás e ver que, sim, eu sou o "Joel" de muitas pessoas.

Sou o Joel para todos que me viram dançar, para os funcionários que tive e pude acompanhar o crescimento, para todos que ensinei sobre vendas, pessoas e crescimento pessoal, e para os milhares de espectadores que conheceram histórias de sucesso através do meu programa de TV.

Com isso em mente, defini: quero e vou ser o Joel para todos que, assim como eu, desejam trabalhar com o que amam, fazendo o que precisa ser feito. E, mais do que isso, para quem quiser seguir a jornada que eu hoje consigo prever. Esse foi um grande momento de aprendizado. Entendi e aceitei que não é só porque ainda não chegamos ao nosso objetivo que deixamos de ser o Joel Jota de alguém.

Então, falo com propriedade: usar essa fórmula para se conhecer, se autovalorizar e entender que nossa influência está em ser quem realmente somos pode mudar sua perspectiva sobre como você influencia as pessoas.

Ser autêntico fará de você um exemplo de sucesso, dinamismo e uma referência. E isso se tornará um círculo virtuoso: essa confiança depositada em você o fará sentir gratidão e se permitir cada vez mais viver a sua verdade.

Muita gente ainda espera que esse momento aconteça de fora para dentro, o que é um erro. Esperam a valorização externa para criar a interna. Precisamos, pouco a pouco, desenvolver a confiança necessária para ser quem somos, para só depois fazer o mundo entender e apreciar.

E esse é o meu objetivo com este texto: fazer com que as pessoas entendam que ser elas mesmas trará alívio e abrirá portas para trabalhar com o que amam, transbordando no mundo quem verdadeiramente se é!

Aproveite este livro inspirador, cheio de insights poderosíssimos, e, assim como eu usei uma fala do Joel para trazer um contexto de autovalorização, quero que você use toda a sua essência para descobrir a influência que pode ter no mundo simplesmente respeitando nosso criador e honrando a sua criação!

Assuma quem você é, valorize sua jornada da forma que ela transcorreu até aqui e transborde nas pessoas com amor e carinho suas principais habilidades. Não se pode saber de fato aonde nossa influência chega, mas, só de se responsabilizar por isso e se autovalorizar, você se permitirá obter o poder que poucos acessam: saber o impacto da influência que tem!

A INFLUÊNCIA QUE TRANSFORMA

Como construí dois negócios de sucesso sendo o maior influencer de mim mesmo

THIAGO VOLPI

THIAGO VOLPI é médico nutrólogo e fundador do Espaço Volpi, clínica referência em emagrecimento, performance física e mental e longevidade. Também é fundador da CV Dermatologia e foi cofundador do grupo J&V, que reuniu mais de quinze clínicas de estética até ser vendido, em 2021, para uma empresa que abriu capital na bolsa. Faixa preta de jiu-jítsu desde 2004, une a disciplina esportiva à prática médica e à visão empreendedora. É professor no G4 Educação e criador do ecossistema Medicina de Alto Desempenho, que inclui a mentoria Clube Médico-Empresário, parte integrante da Mentoring League Society, com foco na formação de líderes médicos e na construção de negócios de saúde altamente lucrativos.

Instagram **DRTHIAGOVOLPI**

“VOCÊ NÃO PRECISA DE UM MILHÃO DE SEGUIDORES PARA INFLUENCIAR. Você precisa de uma mensagem verdadeira, um estilo de vida coerente e um negócio que entrega o que promete.”

Essa é a filosofia que norteia minha jornada como médico e empreendedor. Tenho dois negócios principais: uma clínica de nutrologia, onde eu e mais seis médicos ajudamos pacientes a emagrecer com saúde, melhorar a performance e conquistar longevidade; e uma mentoria que forma profissionais da área que desejam empreender e construir clínicas lucrativas. Ambos só existem porque entendi que minha principal ferramenta de marketing é a influência. E que esse é um processo que começa de dentro para fora.

Fazer parte da mentoria Influência Business, liderado por Joel Jota, me ajudou a compreender que não adianta buscar visibilidade externa sem antes cultivar minha potência interna. Influenciar é viver o que se fala, por isso, antes de querer inspirar pacientes ou médicos, eu precisei ser exemplo. E esse trabalho começou pelo meu estilo de vida.

Ao decidir me tornar o maior influencer do meu próprio negócio, percebi que antes eu precisava me tornar influencer para mim mesmo. Precisei me liderar antes de liderar os outros. Precisei construir hábitos consistentes antes de sugeri-los. Precisei provar para mim que era possível viver uma medicina coerente com aquilo que eu ensinava. A partir disso, minha influência ganhou raízes.

Hoje, adoto práticas reais de longevidade e performance que compartilho com meus pacientes e mentorados — não como imposição, mas como inspiração. Pratico jejum intermitente regularmente, uso sauna seca para ativar respostas anti-inflamatórias, faço imersões em gelo para fortalecer minha resiliência física e mental. Cuido da minha alimentação com estratégia e faço do meu treino um compromisso diário com meu propósito. Isso tudo não é discurso, é rotina.

Não posso falar de longevidade se não me alimento bem, se não treino, se não durmo. Não posso falar de performance se não sou produtivo, não gero resultados, não lidero com energia. A influência real é silenciosa, mas constante. Ela se constrói nos detalhes: no jeito como você se apresenta, no tom de voz que utiliza, na rotina que compartilha, nas conversas que tem nos bastidores.

Na minha clínica, a influência atrai pacientes que chegam por indicação, por reputação, por observação. Eles veem minha rotina e querem o mesmo para si. Querem comer melhor, ter mais energia, melhorar o corpo, a mente e os resultados. E, quando chegam, encontram um time que também foi influenciado por essa visão: médicos que acreditam em uma medicina transformadora, que se sentem inspirados a crescer junto, que não querem apenas atender, mas liderar também.

Lembro de um paciente executivo que me procurou após assistir a um story em que eu mostrava minha rotina de sauna e banho gelado. Ele me disse: "Não é só o que você fala, é o que você vive. Se você consegue fazer isso com sua agenda, eu também consigo". Esse tipo de impacto é o que gera confiança, é resultado de quando a influência vira inspiração acionável.

Na minha mentoria, ensino o que vivo. Mostro como transformar autoridade médica em influência empresarial. Ensinar médicos a vender, liderar e escalar não é fácil, mas, quando percebem que estou no campo de batalha, que aplico o que ensino, eles seguem o que oriento. Porque influência é isto: não é convencer com palavras, é arrastar com presença.

Vejo muitos médicos que são excelentes tecnicamente, mas travados na hora de se posicionar. Porque falta coerência. Falta confiança. Falta alinhamento entre o que dizem e o que vivem. A influência não nasce do diploma, nasce da consistência; e é por isso que acredito que influenciar é uma responsabilidade. Quem tem voz, tem impacto. E quem tem impacto, tem dever.

Minha influência digital é apenas um reflexo da influência que construí na vida real, nada é montado. As câmeras captam o que já existe no bastidor. Não adianta tentar ser interessante on-line sem ser verdadeiro off-line. Por isso, acredito que médicos — e mentores — têm a responsabilidade de serem exemplos, coerência em movimento, de serem influência positiva e inspiradora para seus pacientes, suas equipes, seus mentorados e seguidores.

Ser o maior influencer do seu próprio negócio significa manter coerência entre o que fala, o que vive e o que a empresa entrega. Isso é mais poderoso do que qualquer estratégia de mídia. Quando essa verdade se alinha, a influência deixa de ser esforço e passa a ser extensão natural da identidade.

A pergunta não é se você quer influenciar. A pergunta é: "Como você quer ser lembrado?". Porque, no fim, o que permanece não são os seguidores, mas o impacto que você deixou na vida de quem acompanhou a sua trajetória.

Fontes **DRUK, SUISS e TIEMPOS**
Papel **CHAMBRIL BOOK 90 G/M²**
Impressão **GEOGRÁFICA**